Hermann Knackfuß
Anton van Dyck

SEVERUS Verlag

ISBN: 978-3-95801-595-1
Druck: SEVERUS Verlag, 2016

Nachdruck der Originalausgabe von 1897

Satz und Lektorat: Sarah Schwerdtfeger

Der SEVERUS Verlag ist ein Imprint der Diplomica Verlag GmbH.
Bibliografische Information der Deutschen Nationalbibliothek:
Die Deutsche Nationalbibliothek verzeichnet diese Publikation in der Deutschen National-
bibliografie; detaillierte bibliografische Daten sind im Internet über http://dnb.d-nb.de
abrufbar.

© SEVERUS Verlag, 2016
http://www.severus-verlag.de
Printed in Germany
Alle Rechte vorbehalten.
Der SEVERUS Verlag übernimmt keine juristische Verantwortung oder irgendeine
Haftung für evtl. fehlerhafte Angaben und deren Folgen.

Hermann Knackfuß

# Anton van Dyck

*Anton van Dyck.*
*Selbstbildnis des Meisters.*

# Abbildungsverzeichnis

Allegorisches Bildnis der Lady Venetia Digby .................. 75
Anton van Dyck und Sir Endymion Porter .................. 73
Anton van Dyck .................. 1
Beatrix von Cusance, Prinzessin von Cantecroix .................. 89
Beweinung Christi .................. 31
Beweinung Christi .................. 33
Beweinung Christi .................. 35
Beweinung Christi .................. 79
Bildnis einer älteren Dame .................. 65
Bildnis einer jungen Dame .................. 62
Bildnis eines älteren Herrn .................. 61
Bildnis eines älteren Herrn .................. 65
Bildnis eines italienischen Edelmannes .................. 21
Bildnis eines jungen Mannes .................. 23
Bildnis eines Unbekannten .................. 51
Bürgermeister von Antwerpen .................. 52
Bürgermeisterin von Antwerpen .................. 52
Christus am Kreuz .................. 37
Christus am Kreuze .................. 25
Christus und der geheilte Gichtbrüchige .................. 41
Christus und der geheilte Gichtbrüchige .................. 41
Danae .................. 45
Der Bildhauer Andreas Colyns de Nole .................. 55
Der heilige Sebastian .................. 13
Der heilige Sebastian .................. 43
Der Kardinal-Infant Don Ferdinand von Österreich .................. 76
Der Kupferstecher Karl de Mallery .................. 56
Der Leichnam Christi, von Engeln beweint .................. 34
Der Maler Franz Snyders und seine Frau .................. 59
Der Maler Jan de Waal und seine Frau .................. 54

Der Maler Kaspar de Crayer...........................................................60
Der Organist Heinrich Liberti......................................................57
Diana und Endymion, von einem Satyr überrascht..................46
Die Anbetung der Hirten..............................................................80
Die Dornenkrönung......................................................................15
Die Kinder Karls I von England..................................................84
Die Kinder Karls I von England..................................................85
Genofeva von Urfé, Herzogin von Croy....................................49
Gustav Adolf von Schweden.......................................................67
Henriette Marie, Königin von England.....................................72
Jugendliches Selbstbildnis des Meisters.....................................6
Karl Alexander, Herzog von Croy...............................................50
König Karl I von England und sein Stallmeister......................83
König Karl I von England............................................................71
König Karl I von England............................................................81
Lady Diana Cecil, Gräfin von Oxford........................................87
Maria Luisa de Tassis....................................................................63
Maria Ruthven, die Gattin des Meisters...................................91
Maria, Jesus und Johannes..........................................................39
Reiterbild Karls V............................................................................9
Ruhe auf der Flucht nach Ägypten............................................38
Susanna im Bade...........................................................................42
Tanzende Amoretten....................................................................27
Wallenstein.....................................................................................67
Wolfgang Wilhelm von der Pfalz-Reuburg...............................53

*Jugendliches Selbstbildnis des Meisters.*

Unter den zahlreichen Nachfolgern und Schülern des Rubens hat keiner so festgegründetes Anrecht auf bleibenden Ruhm erworben wie Anton van Dyck: kein von mächtigem Schöpfergeist getragener Künstler gleich seinem großen Meister, aber auf dem begrenzten Gebiet der Bildnisdarstellung einer der größten Maler aller Zeiten.

Anton van Dyck erblickte das Licht der Welt zu Antwerpen am 22. März 1599. Sein Vater Franz van Dyck war ein begüterter Kaufmann. Nach der Überlieferung der alten Biographen wäre derselbe mit seiner Ehefrau Maria Cuypers oder Kupers aus Herzogenbusch nach Antwerpen gekommen. Doch entbehrt diese angebliche Einwanderung aus Holland jeder Beglaubigung. Vielmehr war schon der Großvater als Kaufmann in Antwerpen ansässig, und es ist anzunehmen, dass die stolze flämische Handelsstadt die alte Heimat des Geschlechts war. Der Name van Dyck kommt im Laufe des XVI. Jahrhunderts mehrmals in den Verzeichnissen der St. Lukas-Gilde vor; ein Familienzusammenhang dieser vergessenen Maler mit demjenigen, der den Namen berühmt machte, hat sich indessen nicht nachweisen lassen. Eine unverbürgte Nachricht meldet, dass Franz van Dyck Glasmaler gewesen sei, bevor er zum Kaufmannsstande überging. Von Marie Cuypers wird erzählt, dass sie eine große Kunstfertigkeit im Sticken besaß. Eine umfangreiche Stickerei, an welcher sie bis kurz vor der Geburt Antons – des siebenten in einer Reihe von zwölf Geschwistern – arbeitete, wird besonders namhaft gemacht; die Geschichte der biblischen Susanna war darin, von schönem Rankenwerk umgeben. Frau Marie starb nach der Geburt ihres zwölften Kindes am 17. April 1607. Sie mag in Anton schon frühzeitig den Erben ihrer künstlerischen Veranlagung erkannt haben, und gern nehmen wir an, dass sie es war, die in ihm den keimenden Kunsttrieb pflegte und entwickelte. Man findet in der künstlerischen Eigenart van Dycks sein ganzes Leben hindurch etwas von weiblicher Empfindungsweise; das ist sein Besonderes, dasjenige, wodurch er sich am augenfälligsten von dem stark männlichen Rubens unterscheidet.

Von seinen Geschwistern widmeten sich mehrere einem zurückgezogenen geistlichen Leben. Bei ihm scheint hinsichtlich der Berufswahl schon im Kindesalter kein Zweifel bestanden zu haben. Bereits im Jahre 1609 wurde Anton van Dyck in das Namensverzeichnis der St.Lukas-Gilde eingetragen, und zwar als Schüler des Heinrich van Balen. Bereits am 11. Februar 1618 wurde Anton van Dyck als Freimeister in die Gilde aufgenommen. Die früh erreichte Meisterschaft verdankte er nicht allein dem Unterricht des wackeren van Balen, sondern in höherem Maße seiner Tätigkeit in der Werkstatt des Rubens, in die er nach einigen Jahren der Unterweisung durch jenen älteren Meister aufgenommen wurde. Um dieser Vergünstigung, nach welcher damals viele vergeblich strebten, teilhaftig zu werden, muss der noch sehr junge angehende Maler schon bedeutende Proben seiner Begabung abgelegt haben. Auch nach erreichtem Meisterrecht verblieb Anton van Dyck noch zwei Jahre lang in dem Schülerverhältnis zu Rubens. Es war die Zeit, wo der große Antwerpener Meister auch nicht annähernd mehr im Stande war, die Flut von Bestellungen, die auf ihn eindrang, durch eigenhändige Arbeit zu bewältigen, so dass er die Mithilfe seiner auserlesenen Schüler in reichstem Maße in Anspruch nahm.

Zunächst musste van Dyck in Rubens' Werkstatt sich üben an der Nachbildung von Werken großer italienischer Maler, welche die Sammlung seines Lehrers zierten. Derartige Nachbildungen waren aber keineswegs getreue Kopien, es waren vielmehr freie Bearbeitungen der gegebenen Vorbilder, sozusagen Übersetzungen derselben in die Formensprache der eigenen Zeit. Ein Belegstück hierfür ist van Dycks Reiterbild Karls V, welches sich in der Uffiziengalerie zu Florenz befindet, und welches zweifellos ein und dasselbe ist mit einem als „Kaiser Karl V nach Tizian" bezeichneten Gemälde van Dycks, das im Verzeichnis des Rubenschen Nachlasses namhaft gemacht wird: Beim ersten Anblick dieses Gemäldes möchte man eher an ein Urbild von Rubens als an ein solches von Tizian denken.

Aus der Lehrzeit bei van Balen brauchte der junge van Dyck eine besondere Geschicklichkeit, in kleinem Maßstabe grau in grau zu malen, mit. Darum betraute Rubens ihn gern mit der ehrenvollen Aufgabe, nach seinen großen Gemälden die Vorlagen für deren Kupferstichnachbildung anzufertigen. Aber die Haupttätigkeit van Dycks während seiner Ausbildungszeit bei Rubens bestand darin, dass er die

*Reiterbild Karls V.*

Entwürfe des Meisters im Großen auf die Leinwand übertrug und bald mehr, bald weniger ausführte, so dass für Rubens selbst zur Vollendung des Bildes nur eine geringere oder stärkere Überarbeitung – unter Umständen auch wohl gar nichts – zu tun übrig blieb. Wir wissen, dass Rubens den Käufern seiner Bilder gegenüber die Mitwirkung der Schüler an denselben gewissenhaft angab und je nach dem Maß dieser Mitwirkung den Preis niedriger ansetzte. Wenn Rubens in einem Brief an Sir Dudley Carleton (vom 28. April 1618) ein Bild, welches den Achilles unter den Töchtern des Lykomedes vorstellte, als von seinem besten Schüler gemalt bezeichnet, so nehmen wir gern an, dass mit diesem besten Schüler van Dyck gemeint sei. Aus der Art und Weise, wie Rubens von diesem Bilde spricht, möchte man fast schließen, dass auch der Entwurf desselben von dem Schüler und nur die letzte Übermalung von dem Meister herrührte. Auf solche Weise wird es wohl begreiflich, dass es aus der Zeit gegen das Jahr 1620 eine ganze Anzahl von Bildern gibt, bei denen es völlig zweifelhaft bleibt, ob sie mit mehr Recht dem Rubens oder dem van Dyck zuzuschreiben sind.

In seinen großen Kompositionen kirchlichen und weltlichen Inhalts zeigt sich van Dyck zeitlebens als in der Erfindung von Rubens abhängig. Nicht als ob man ihn schlechtweg als dessen Nachahmer bezeichnen dürfte; aber fast alle seine derartigen Werke erinnern an inhaltsgleiche oder verwandte Schöpfungen des großen Meisters. Nur fehlt ihnen dessen ursprüngliche Kraft und blendende Farbenpracht; es tritt vielmehr eine Neigung zu weicheren Stimmungen, sowohl in der Empfindung wie in der Farbe, zu Tage.

Als das erste Werk, welches van Dyck selbständig ausführte, wird die für die Dominikanerkirche St. Paul zu Antwerpen gemalte und noch in dieser Kirche befindliche Kreuztragung Christi namhaft gemacht. Es ist nicht unwahrscheinlich, dass dieses Gemälde schon im Jahre 1617 entstanden ist. Aber noch im Jahre 1620 finden wir van Dyck damit beschäftigt, Entwürfe seines Meisters auszuführen. Sein Name wird ausdrücklich genannt in dem Vertrage, welchen die Antwerpener Jesuiten im März 1620 mit Rubens über die Ausmalung der Deckengewölbe ihrer Kirche abschlossen.

Mit einundzwanzig Jahren war van Dyck, trotz des noch bestehenden Schülerverhältnisses zu Rubens, schon ein berühmter Maler. Zwar hatte er auf dem Gebiet, auf welchem er später unsterblichen Ruhm erringen sollte, in der Bildnismalerei, noch kaum namhafte Proben seines Könnens abgelegt. Zwei Porträts, die als Erzeugnisse des Jahres 1618 irgendwo erwähnt werden, sind später verschollen. Um 1620 muss das Selbstbildnis des jungen Künstlers entstanden sein, welches die Münchener Pinakothek besitzt. Da zeigt uns der schon so früh Bewunderte ein zartes, hübsches Gesicht, von üppigem blondem Haar umgeben, und blickt uns aus dunkelblauen Augen mit einem liebenswürdigen Lächeln an (siehe Seite 6). Von einigen anderen Bildnissen vermutet man auf Grund der Malweise, dass sie diesem Abschnitt seines Lebens angehören. Solche sind die beiden Brustbilder des Landschaftsmalers Jan Wildens, von denen sich das eine in der fürstlich Liechtensteinschen Sammlung zu Wien, das andere in der Kasseler Gemäldegalerie befindet, und das Brustbild einer Dame in mittleren Jahren, ebenfalls in Kassel. Besonders diese letztere erinnert sehr auffallend an die Art des Rubens, dem die feine Zusammenstimmung der hellen Gesichtsfarbe mit dem Weiß der Krause sehr glücklich abgelauscht ist. Das sind schöne Bildnisse; aber doch keine Werke, die damals in Antwerpen ungewöhnliches Aufsehen hätten erregen können. Aber man glaubte in van Dyck in seiner Eigenschaft als Schöpfer großer, figurenreicher und farbenprächtiger Darstellungen einen zweiten Rubens heranwachsen zu sehen. Namentlich in Gemälden kirchlichen Inhalts schien derselbe erfolgreich mit seinem Lehrer zu wetteifern. Die Bewunderer vergaßen, dass dasjenige, was sie für Ebenbürtigkeit hielten, zum großen Teil nur die Aufnahmefähigkeit eines gelehrigen Schülers war. In deutschen Sammlungen befinden sich verschiedene bezeichnende Beispiele von religiösen Malereien van Dycks aus dieser Zeit. Ob dieselben jemals zum Aufstellen auf Altären bestimmt gewesen sind, darf man wohl bezweifeln. Es hat eher den Anschein, als ob der Rubensschüler bei der freien Wahl von Stoffen, an denen er seine junge Kraft erproben wollte, durch eine persönliche Vorliebe zu derartigen Gegenständen geführt worden sei. Den Käufern von Gemälden war ja bei dem damaligen hohen Stand des Kunstsinnes in den Niederlanden der Gegenstand eines Bildes Nebensache, sie schätzten dasselbe nur nach seinen künstlerischen Eigenschaften. Darum darf man sich andererseits auch nicht darüber wundern, wenn man Gemälden begegnet, in denen weiter nichts als der Gegenstand kirchlich ist und jede Spur von religiöser Auffassung fehlt. So hat das der Zeit um 1620 angehörige Bild von van Dyck in der Münchener Pinakothek, welches den heiligen Sebastianus darstellt, seine Entstehung augenscheinlich in erster Linie dem Wunsche des jungen Malers, Gelegenheit zum Malen einer schönen nackten Gestalt zu finden, zu verdanken. Der Heilige, ein kräftig gebauter Jüngling von blendend heller Hautfarbe, wird von muskelstarken Schergen an einen Baum gebunden. Reiter in blitzendem Waffenschmuck beaufsichtigen die Vollstreckung des Befehls. Von einer Vertiefung des Künstlers in den Gehalt seiner Aufgabe im kirchlichen Sinne, als Schilderung eines Helden, der für seinen Glauben in den Tod geht, ist – trotz der himmelwärts gewendeten Blicke Sebastians – gar keine Rede. Nicht einmal von einer Vertiefung nach der rein menschlichen Seite hin. Wenn wir den Körper des Heiligen bewundern, so haben wir der Absicht des Malers genug getan; dass wir von dessen Geschick ergriffen werden sollen, verlangt derselbe nicht von uns. Dem leuchtenden Fleischton der jugendlichen Gestalt ordnet sich auch in der Farbe alles andere im Bilde unter. Diese Farbe bewegt sich in echt Rubensschen Tönen; nur dass von einem düsteren Ton der Luft aus die Stimmung etwas von dem besonderen Charakter van Dycks bekommt. Das Rot der Fahne, welche der eine Reiter hält, ist so frisch und kräftig, als ob Rubens selbst es hingestrichen hätte.

Eine Besonderheit von van Dyck, die auch in vielen seiner späteren Gemälde auffällt, ist die, dass der Maßstab etwas unter Lebensgröße ist. Ein Zeigenwollen des Könnens – der genialen Faust möchte man sagen – des Rubensschülers spricht aus dem Bilde im Museum zu Berlin, welches den Täufer und den Evangelisten Johannes nebeneinander stehend enthält, und das um eben dieser Zusammenstellung willen, die keine Handlung enthält, am ersten als wirkliches Altarbild gedacht zu sein scheint. Ernster in religiösem Sinne aufgefasst ist das andere Bild des Berliner Museums, welches die Dornenkrönung Christi darstellt. Die mächtigen Formen und die starken Bewegungen der Schergen, von denen einer einen blitzenden Eisenharnisch trägt, die Farbengebung und der ganze Gesamteindruck des Gemäldes verraten das erfolgreiche Studium der Rubensschen Art und Weise. Aber durch die Rubensschen Formen und Farben hindurch spricht eine persönliche Stimmung. Der Gestalt des leidenden Erlösers sieht man es an, dass ihre Auffassung aus einer wirklichen, innerlichen Empfindung des Malers hervorgegangen ist. Es scheint, dass van Dyck, von dem gesagt

*Der heilige Sebastian.*

wird, dass er immer das Leiden besser habe schildern können als das Handeln, hier einen Gegenstand nach seinem Herzen gefunden hat. Die Berliner Dornenkrönung ist eine nur wenig veränderte Wiederholung von einem im Pradomuseum zu Madrid befindlichen Gemälde. Dieses letztere, als das ursprünglichere, gibt sich durch den tiefen Ernst seiner Stimmung – bei großem Reichtum der Farben – in noch höherem Maße wie jenes als der echte Ausdruck wahren künstlerischen Gefühls zu erkennen. König Philipp IV von Spanien, der dieses Gemälde aus dem Rubensschen Nachlass erwarb, hielt dasselbe für kirchlich genug, um den Escorial zu schmücken; dasselbe hat dort im Kloster den ihm zugewiesenen Platz inne gehabt bis zur Einrichtung des Madrider Museums im Jahre 1818.

Derartige Schöpfungen konnten den Augen seiner Kenner wohl offenbaren, dass der junge van Dyck ein nicht zu unterschätzendes persönliches Kunstvermögen besaß. Aber was der großen Mehrheit am meisten in die Augen stach, war doch wohl nicht dieses Eigene, sondern im Gegenteil der Umstand, dass er so ähnlich komponierte und malte wie Rubens. Darum setzten namentlich die englischen Kunstliebhaber, die nicht genug Rubenssche Bilder bekommen konnten, auf ihn ihre Hoffnung, und es wurde der Versuch gemacht, ihn nach England herüberzuziehen. In einem Briefe, welchen der große englische Kunstfreund Graf Thomas Arundel von seinem in Antwerpen sich aufhaltenden Geschäftsträger empfing (vom 17. Juli 1620), findet sich die bemerkenswerte Stelle: „Van Dyck wohnt bei Herrn Rubens, und seine Werke fangen an, beinahe ebenso geschätzt zu werden wie diejenigen seines Meisters. Er ist ein junger Mann von etwa zwanzig Jahren und der Sohn sehr reicher Eltern in dieser Stadt, weshalb es schwer sein wird, ihn zum Verlassen der Heimat zu bewegen, zumal er sieht, welches Vermögen Rubens hier erwirbt." Wenn in der Tat bei dem jungen Maler Abneigung oder Bedenken gegen eine Übersiedelung nach England bestanden, so mussten dieselben schwinden gegenüber einer Berufung durch den englischen König selbst. Gegen Ende November 1620 befand sich „Rubens' berühmter Schüler" – wie er in einem Schreiben an Sir Dudley Carleton, dem wir die erste Nachricht hierüber verdanken, genannt wird – in England, und König Jakob I hatte ihm ein Jahresgehalt von 100 Pfund Sterling ausgeworfen. Wir erfahren nicht viel über van Dycks Tätigkeit während dieses

*Die Dornenkrönung.*

ersten Aufenthaltes in England. Am 28. Februar des folgenden Jahres erhielt er einen achtmonatigen Urlaub. Nach der Form, in welcher ihm der Reisepass bewilligt wurde, hätte van Dyck im Herbst 1621 nach England zurückkehren sollen. Für die Annahme, dass er dieses, wenn auch nur zu kurzem Aufenthalt, getan habe, gibt es keine Belege. Es drängte ihn, möglichst bald nach Italien zu reisen und durch Anblick der Meisterwerke des vorhergegangenen Jahrhunderts seine Ausbildung zu vervollständigen. Auch Rubens, der ja selbst die schönsten Jahre seiner Jugend in Italien verbracht hatte, mochte dem jungen Kunstgenossen zu dieser Reise raten – freilich nicht, wie böse Zungen zu flüstern wussten, aus Neid, um einen gefahrdrohenden Nebenbuhler aus Antwerpen fortzuschaffen. Als van Dyck nach dem Süden aufbrach, gab er seinem verehrten Lehrer Rubens als Abschiedsgeschenk ein Gemälde, welches die Gefangennahme Christi darstellte. Aus dem Verzeichnis der Kunstwerke des Rubensschen Nachlasses erfahren wir, dass dieses Bild neben noch mehreren anderen von der Hand des berühmten Schülers die Sammlung des Meisters bis zu dessen Tode schmückte; bei der Veräußerung des Nachlasses wurde es vom König von Spanien erworben und befindet sich jetzt im Museum zu Madrid. Es ist ein Werk von ansehnlichem Umfang, dreieinhalb Meter hoch und zweieinhalb Meter breit, und von überlebensgroßem Maßstab. Die Schilderung des Vorganges fasst, nach dem Beispiel früherer Meister, den Kuss des Judas, das Einstürmen der rohen Häscher auf den verratenen Christus und den Zorn des Petrus, der mit wuchtigem Schwerthieb den Malchus zu Boden wirft, in einen Augenblick zusammen. Die Empfindungsweise, aus der das Gemälde hervorgegangen ist, ist die nämliche wie bei jener Dornenkrönung. Aber die Farbe erinnert hier weniger als dort an Rubens. Es ist ein düsteres Nachtstück mit greller Beleuchtung durch den roten Schein der Fackeln; prächtig in der Wirkung. Wohl keins von den späteren Geschichtsbildern van Dycks erreicht eine solche Mächtigkeit des Eindruckes wie dieses. Die Ansehnlichkeit des Geschenkes bekundet, dass van Dyck sich wohl bewusst war, wie großen Dank er Rubens für dessen Unterweisung schuldete. Es wird erzählt, dass er als Gegengeschenk von dem Meister eines von dessen andalusischen Pferden für die Reise empfing.

Die Überlieferung weiß ein romantisches Geschichtchen zu berichten von einer Liebschaft, welche den jungen Maler gleich nach

Antritt seiner Reise in dem zwischen Löwen und Brüssel gelegenen Dorfe Saventhem festgehalten hätte und Veranlassung geworden wäre, dass van Dyck für die dortige Kirche zwei Gemälde ausführte. Das Geschichtchen ist von der Forschung beseitigt worden; seine Entstehung mag in der beglaubigten Tatsache gesucht werden, dass van Dyck in Saventhem – aber erst im Jahre 1629 – um die Hand von Isabella van Ophem, einer Tochter des Landvogts Martin van Ophem anhielt, die ihm indessen verweigert wurde. Die dortige Kirche besitzt ein Gemälde von der Hand van Dycks, welches den heiligen Martin darstellt. Aber dasselbe verdankt seine Entstehung nicht der Liebe, sondern einer Bestellung, welche Ferdinand von Boisschot, Herr zu Saventhem, dem jungen Künstler im Jahre 1621 machte. Das Bild gehört zu denjenigen, welche noch ganz in Rubensscher Weise erdacht sind. Der heilige Martin hält auf einem prächtigen Schimmel, der ungeduldig mit dem Huf scharrt, neben dem am Boden sitzenden nackten Bettler.

Mit einem Schnitt seines Degens hat er den Mantel in zwei Hälften geteilt. Der Bettler hat das herabfallende Stück, noch ehe die Hand des Gebers dessen Ende losgelassen hat, ergriffen, um sich darin einzuwickeln; die andere Hälfte bleibt auf der Schulter des Reiters liegen. Ein zweiter Bettler blickt missgünstig auf in der Erwartung, dass auch ihm eine Gabe zu Teil werden soll. Dessen hässliches Gesicht und groben, lumpenbedeckten Formen bilden einen wirkungsvollen Gegensatz gegen die vornehme Erscheinung des Martinus, eines feinen Jünglings, mit einem Gesicht von echt van Dyckscher Sanftheit. In blitzender Rüstung, mit einem federgeschmückten Barett über den Locken, hebt die Gestalt des Heiligen sich farbenprächtig ab von dem Blau und Silbergrau einer wolkigen Luft, zwischen den dunklen Waffen seiner berittenen Begleitung einerseits und einer Gebäudeecke andererseits. Dass das schöne Gemälde seinen Platz in der Dorfkirche hat behaupten können, ist merkwürdig genug. Um die Mitte des vorigen Jahrhunderts widersetzten die Einwohner des Ortes sich mit bewaffneter Hand dem beabsichtigten Verkaufe dieses Schatzes ihrer Kirche. In der Napoleonischen Zeit war es nur unter dem Schutze einer Truppenabteilung möglich, das Bild aus der Kirche zu holen, um es, wie so viele andere kostbare Gemälde nach Paris zu schaffen. Bei der Rückerstattung der geraubten Kunstwerke im Jahre 1815 wurde es zur Freude der Bevölkerung an seinen alten Platz zurückgebracht. Ein

Versuch, dasselbe zu stehlen, der einige Jahre später gemacht wurde, gab Veranlassung zu besonderen Vorsichtsmaßnahmen zum Schutze des kostbaren Kunstbesitzes. Das zweite Altarbild, welches van Dyck für die Kirche zu Saventhem malte, stellte die heilige Familie dar. Dasselbe entstand erst nach der Rückkehr des Künstlers aus Italien, wahrscheinlich in dem genannten Jahre 1629. Dieses ist nicht mehr vorhanden. Es fiel schon im Jahr 1673 der Raub- oder Zerstörungswut einer Mordbrennerschar Ludwigs XIV zum Opfer.

Wann Anton van Dyck, der in so jungen Jahren schon auf eine erstaunliche Menge von ansehnlichen Werken zurückblicken konnte, seine italienische Reise antrat, darüber gehen die Angaben auseinander. Am 1. Dezember 1622 starb sein Vater. Nach der meistverbreiteten Annahme war er an dessen Sterbebett zugegen und reiste einige Monate später, also im Jahre 1623, von Antwerpen ab. Nach einem anderen Bericht aber machte van Dyck sich schon im Herbst 1621 auf den Weg nach Italien. Wenn wir diesem letzteren Bericht folgen, so finden wir van Dyck, den der mit Rubens befreundete italienische Edelmann Vanni begleitete, in der zweiten Hälfte des Novembers 1621 in Genua. Hier fand er freundliche Aufnahme bei Landsleuten und Kunstgenossen, den Brüdern Lukas und Cornelius de Wael.

Nach einem Aufenthalt von einigen Wochen in Genua, wo schon die Erinnerung an Rubens ihm das wohlwollendste Entgegenkommen der mächtigen Adelsfamilien der Stadt sicherte, begab er sich zu Schiff nach Civitavecchia, um Rom zu erreichen. Auch die ewige Stadt fesselte ihn jetzt nur für kurze Zeit. Sein Verlangen war auf Venedig gerichtet, wo er die Großmeister der Farbe an der Quelle studieren wollte. Als er auf dem Wege dorthin sich in Florenz aufhielt, malte er den Oheim des Großherzogs Ferdinand II, Lorenzo de Medici, und wurde von diesem beschenkt. In Venedig gab er sich mit Fleiß dem Studium der farbenprächtigen Schöpfungen der alten Meister, insbesondere derjenigen Tizians, hin.

Er hat unverkennbare Vorteile aus diesem Studium gezogen. Man gewahrt in seinen damaligen und späteren Werken deutlich die Einwirkung von Tizians Farbe auf seine Geschmacksbildung. Auch in der gewählten malerischen Auffassung von Bildnissen mag man den Einfluss erkennen, den die Werke des großen Venezianers auf ihn ausübten. Es wird erzählt, dass van Dycks Geldmittel während der Studienzeit in

Venedig schwach geworden seien und dass er sich daraufhin nach Genua begeben habe, um dort, wo der Name seines Lehrers Rubens ihn empfahl, durch das nächstliegende Mittel eines Malers zum Geldverdienen, durch die Bildnismalerei, seine Verhältnisse wieder aufzubessern. So hätte ihn die Not auf dasjenige Gebiet geführt, auf welchem seine eigenste Begabung lag. Wie über den Zeitpunkt des Antritts seiner Reise nach Italien, so sind auch über seine Hin- und Herzüge in diesem Lande die Angaben der Berichterstatter widersprechend und verworren. Nach der annehmbareren Nachricht begab sich van Dyck von Venedig aus nicht nach Genua, sondern nach einem Aufenthalt in Mantua, wo er den Herzog Ferdinand porträtierte, zurück nach Rom. Hier malte er im Jahre 1622 ein Werk, welches große Anerkennung fand, das schöne, lebens- und charaktervolle Bildnis des vormaligen päpstlichen Nuntius in Brüssel, des Kardinals Bentivoglio, das sich jetzt in der Sammlung des Pittipalastes zu Florenz befindet. Was ihm als Bildnismaler den höchsten Beifall in den Kreisen der Aristokratie verschaffen musste, war die vollendete Vornehmheit der Auffassung, mit welcher er die Persönlichkeiten wiedergab. Van Dyck selbst war eine durch und durch vornehme Natur, fein gebildet an Sitten, gleich liebenswürdig in seinem Wesen wie in seinem Äußeren. Überall gewann er die Herzen in den Kreisen derjenigen, welche ihre Porträts bei ihm bestellten. Aber in den Kreisen seiner Landsleute und Kunstgenossen in Rom erregte er heftigen Anstoß durch seine feinen Sitten und durch die Gewohnheit, sich in gewählter Weise zu kleiden und sich mit zahlreicher Dienerschaft zu umgeben. Denn in der flämischen Malerkolonie zu Rom war es Stil, ein möglichst ungeschlachtes Benehmen zur Schau zu tragen und die Mußestunden durch ein wüstes Kneipenleben auszufüllen. Derartiges war van Dyck in seinem innersten Wesen zuwider, und er vermochte es nicht, sich der „Schilderbent" (Malergesellschaft) anzuschließen Dafür erntete er den Spottnamen „der Malerkavalier" (il pittore cavalieresco) und Schlimmeres als dieses: Man suchte nicht nur seine Person, sondern auch sein Können herabzuwürdigen. Ob es wahr ist, dass ihm hierdurch der Aufenthalt in Rom, wo er manche sehr bemerkenswerte Erzeugnisse seiner Kunst, wie namentlich das Reiterbild des Prinzen Karl Colonna (in der Gemäldesammlung des Palastes Colonna) zurückgelassen hat, verleidet wurde, mag dahingestellt bleiben. Jedenfalls begab er sich im Herbst des Jahres 1623 wieder nach Genua. Hier verweilte er nun längere Zeit, und er malte eine Menge von Bildnissen aus der höchsten Gesellschaft dieser Stadt.

Vielleicht noch vor seiner Ankunft in Genua malte er in Turin mehrere Bildnisse von Mitgliedern des Hauses Savoyen, darunter ein stolzes Reiterbild des Prinzen Thomas von Carignau und mehrere allerliebste Kinderporträts, die sich jetzt sämtlich im Museum zu Turin befinden. Die Beziehungen zu diesem Fürstenhause veranlassten van Dyck zu einer Unterbrechung seines Aufenthalts in Genua. Der Herzog Emmanuel Philibert von Savoyen, Vizekönig von Sizilien, berief ihn nach Palermo. Van Dyck folgte der Einladung im Sommer 1624 und malte die Bildnisse des Fürsten und verschiedener Personen von dessen Hof. Auch fing er ein großes Altarbild mit vielen Heiligen für die Rosenkranzbruderschaft zu Palermo an. Aber der Ausbruch der Pest, der der Vizekönig selbst als eines der ersten zum Opfer fiel, zwang ihn zum Verlassen der Insel, ehe er mit den dort begonnenen Werken fertig geworden war. Er blieb nun in Genua bis zu seiner Heimkehr, als Bildnismaler der vornehmen Welt reichlich beschäftigt.

In Genua befindet sich denn auch eine erheblich größere Anzahl von seinen Werken als irgendwo anders in Italien. In den Marmorpalästen der Brignole-Sale, Durazzo, Balbi, Spinola blicken, von der Hand des nordischen Meisters gleichsam lebendig festgehalten, die stolzen Gestalten der einstigen Besitzer, mit lieblichen Kindererscheinungen wechselnd, von den Wänden auf den Beschauer herab, und diese Bildnisse stellen die italienischen Gemälde, von denen sie umgeben sind, in Schatten. Das Bildnis des Marchese Anton Julius von Brignole-Sale, der auf einem langmähnigen Schimmel dem Beschauer grüßend im Schritt entgegenreitet, und dasjenige von dessen Gemahlin Pauline Adorno, die in reichem, blauem Samtkleide, geschmückt mit den Reizen bestrickender Jugendschönheit, hoheitsvoll und anmutig dahinschreitet, seien als ausgezeichnete Meisterwerke besonders erwähnt.

Hinter den Bildnissen steht alles, was Italien an sonstigen Gemälden von van Dyck bewahrt, wie der Zahl, so auch der Bedeutung nach zurück. Doch befinden sich immerhin sehr bemerkenswerte Schöpfungen unter seinen dortigen religiösen Bildern. So zu Rom der jeden Beschauer ergreifende Christus am Kreuze mit dem schmerzvoll zum

*Bildnis eines italienischen Edelmannes.*

Himmel gewendeten Blicke, im Palast Borghese; und die liebenswürdige heilige Familie im Museum zu Turin.

Von den Werken van Dycks aus seiner italienischen Zeit finden wir, da die meisten derselben an ihren ursprünglichen Bestimmungsorten verblieben sind, verhältnismäßig wenige außerhalb Italiens. Doch besitzt die Gemäldegalerie zu Kassel ein Bildnis in ganzer Figur von einem unbekannten italienischen Edelmann (siehe Seite 21), das den besten der Genueser Bildnisse nicht nachsteht und durch den wunderbaren Wohllaut seiner Farbenharmonie zu seinen vorzüglichsten Schöpfungen im eigentlich malerischen Sinne gehört. Der Abgebildete ist ein schlanker junger Mann, der in zwangloser, aber tadellos vornehmer Haltung in einer marmornen Halle seines Palastes steht. Das von leicht gewelltem, schwarzbraunem Haar umflossene Gesicht ist von einer frischeren Röte, als man sie im Allgemeinen an Südländern zu sehen gewohnt ist, überflogen; auf der Oberlippe sprießt ein noch halb durchsichtiger Bart. Seine Oberkleider sind von braunem, rotviolett schillerndem Samt, die seidenen Strümpfe haben eine entsprechende braunrote Farbe; der Ärmel der Unterweste zeigt reiche Goldstickerei auf goldbrauner Seide; der lose über die linke Schulter gehängte Mantel besteht aus dem nämlichen Samt wie Wams und Beinkleid und ist mit einem leichten Seidenstoff, welcher die rotviolette Farbe wiederholt, gefüttert; die herabhängenden Enden der dem Anzug gleichfarbigen Kniegürtel und die Rosetten der Schuhe sind von dunkelgetöntem Goldstoff. Dazu als Hintergrund eine Säule und eine im Schatten verschwimmende Wand in dem eigentümlich reizvollen goldigen Ton, mit dem die Zeit den weißen italienischen Marmor bisweilen überzieht. In diesem Ganzen von köstlich zusammengestimmten braunen Tönen stehen das Gesicht und die wohlgepflegten Hände als leuchtende Helligkeiten, hervorgehoben durch den durchsichtigen weißen Battist der Manschetten und des Kragens, der die Form der angeblich von König Philipp IV erfundenen spanischen „Golilla" hat. Eine lebhafte Gegensatzfarbe bringt den Zusammenklang der Farben zum Abschluss: das schimmernde Blaugrün eines Vorhanges, der oben um die Säule geschlungen ist.

In der Münchener Pinakothek finden wir an Werken, die van Dyck während seines Aufenthaltes in Italien malte, die Halbfigur des Filippo Spinola und das Kniestück des jungen Marchese Mirabella; dann das treffliche Brustbild eines blonden Nordländers, der seinen Mantel nach italienischer Art wie eine Toga über die Schulter geworfen hat – das sprechende Bild eines jungen deutschen Künstlers in Italien, mutmaßlich des Bildhauers Georg Petel aus Augsburg, der zu derselben Zeit wie van Dyck in Genua verweilte.

*Bildnis eines jungen Mannes.*

Über die Zeit von van Dycks Heimkehr aus Italien gehen die Ansichten ebenso weit auseinander wie über den Antritt seiner italienischen Reise. Die Nachricht, welche durch die Bestimmtheit ihrer Angaben als die am meisten glaubwürdige erscheint, nennt den 4. Juli 1625 als den Tag seiner Ankunft in Marseille, wohin er sich von Genua aus auf dem Landwege, weil die Seefahrt wegen der zwischen Genua und Frankreich bestehenden Feindseligkeiten gefährlich erschien, begeben hätte. Auf der Weiterreise nach Norden verweilte er einige Zeit in Aix-en-Provenee als Gast von Rubens gelehrtem Freund Fabri de Peirese. Mit diesen Nachrichten ist die von anderer Seite gemachte Angabe, dass er – nach einem mutmaßlichen Aufenthalt in Paris – im Dezember 1625 oder im Januar 1626 in Antwerpen wieder eingetroffen wäre, wohl zu vereinigen.

Nach der Ankunft in der Heimatstadt hatte van Dyck eine Pflicht gegen seinen verstorbenen Vater zu erfüllen. Auf dem Sterbebette hatte dieser den Wunsch ausgesprochen, es solle seiner Dankbarkeit gegen die Antwerpener Dominikanerinnen, die ihm während seiner letzten Lebensjahre treue Dienste erwiesen hatten, durch die Stiftung eines Altargemäldes für deren Kirche Ausdruck gegeben werden. Anton van Dyck malte in Ausführung dieses frommen Wunsches einen Christus am Kreuz zwischen den Heiligen Dominicus und Katharina von Siena; an den Fuß des Kreuzes setzte er einen Engel mit gesenkter Fackel und fügte die Inschrift auf einem Stein hinzu: „Auf dass seinem verstorbenen Vater die Erde nicht schwer sei." Dieses Gemälde befand sich im Jahre 1794, als die französischen Kommissare die nach Paris zu überführenden Kunstwerke aussuchten, noch in der Dominikanerinnenkirche, obgleich das Kloster damals bereits aufgehoben war. Es kam mit so vielen anderen belgischen Kunstschätzen nach Paris, und nach der Rückgabe im Jahre 1815 wurde es dem Museum zu Antwerpen einverleibt. Der Überlieferung nach soll van Dyck dieses Gedächtnisbild erst im Jahre 1629 ausgeführt haben; nach anderer Angabe jedoch schon 1626.

Das Jahr 1626 wird auch als dasjenige der Entstehung eines anderen Kreuzigungsbildes angegeben, eines Altargemäldes, welches van Dyck für die Kapuzinerkirche zu Dendermonde anfertigte. In diesem Bilde ist zu den unter dem Kreuze befindlichen herkömmlichen Personen, in Entrückung des Vorgangs aus den geschichtlichen Zeitverhältnissen, aber in sinnbildlicher Beziehung, der heilige Franz von Assisi, der Gründer des Ordens, welchem die Kapuziner angehören, hinzugefügt; der Ordensstifter kniet in inbrünstiger Anbetung am Fuße des

Kreuzes, zwischen der Gruppe von Maria, Johannes und Magdalena einerseits und den abziehenden Kriegsleuten andererseits. Das Gemälde befindet sich, nachdem es gleichfalls in der Franzosenzeit weggenommen war, jetzt nicht mehr in der Kapuzinerkirche, sondern in der Hauptkirche zu Dendermonde. Die einfarbige, aber in sorgfältiger Ausführung gemalte Skizze zu demselben besitzt die fürstlich Liechtensteinsche Gemäldegalerie zu Wien.

*Christus am Kreuze. Skizze des für die Kapuzinerkirche Dendermonde gemalten Altarbildes.*

Wahrscheinlich hielt sich van Dyck im Jahre 1626 eine Zeitlang in Brüssel auf, am Hofe der Statthalterin, der Infantin Isabella Clara Eugenia. Er hat deren Bildnis in der Tracht der Clarissinnen, deren

Orden die Fürstin nach dem Tode ihres Gemahls beigetreten war, gemalt. Von diesem Bildnis gibt es mehrere Exemplare, die einander den Rang der Ursprünglichkeit streitig machen. In Brüssel erhielt van Dyck auch die Bestellung, den Stadtrat in einem Gruppenbilde zu malen. Das umfangreiche Gemälde, in welchem er sich dieses Auftrages entledigte, wurde nicht nur wegen der sprechenden Ähnlichkeit der Persönlichkeiten und wegen der geschickten Anordnung bewundert, sondern auch wegen des Geschicks, mit welchem sinnbildliche Idealgestalten in die Darstellung eingeflochten waren. Dasselbe ist bei der Beschießung von Brüssel im Jahre 1695 dem Feuer zum Opfer gefallen.

Einzelne Geschichtsschreiber erzählen von einer Reise nach England, welche van Dyck im Jahre 1627 unternommen haben soll. Er wäre nach kurzem Aufenthalt wieder von dort zurückgekehrt, weil es ihm ungeachtet der Bemühungen seiner alten Gönner, vor allem des großen Kunstfreundes Graf Arundel, nicht gelungen wäre, an den Hof des jungen Karl I, der inzwischen seinem Vater Jakob I gefolgt war, zu gelangen. Mit dieser Reise bringt man die Entstehung der Bildnisse zweier englischen Persönlichkeiten, eines Herrn und einer Dame, in Zusammenhang, welche sich in der Gemäldesammlung im Haag befinden. Van Dyck hat diese beiden Bildnisse ganz gegen seine Gewohnheit mit seiner Namensunterschrift und außerdem mit den Jahreszahlen, dasjenige des Herrn mit 1627, dasjenige der Dame mit 1628 bezeichnet. Wahrscheinlich sind dieselben nicht in England, sondern in Holland entstanden.

Vom Jahre 1628 an – darin stimmen alle Nachrichten überein – war van Dyck wieder in Antwerpen ansässig. In diesem Jahre malte er für die dortige Augustinerkirche das Bild: der heilige Augustinus in der Verzückung. In diesem noch an seinem Platze befindlichen Gemälde, welches zu den bedeutenderen und selbständigsten von van Dycks großen Bildern religiösen Inhalts zählt, sieht man den großen Kirchenlehrer, neben dem seine Mutter Monica steht, in begeisterte Anschauung der Heiligen Dreifaltigkeit versunken, die der geöffnete Himmel ihm zeigt. Zu den ernsten Hauptfiguren bildet eine Schar von Engeln in Kindergestalt, welche die Erscheinung der Gottheit umschweben, einen ansprechenden Gegensatz. In Kinderfiguren wusste van Dyck überhaupt eine große Lieblichkeit zu entfalten, wenn er auch in seinen

Engelchen und Amoretten die gesunde Natürlichkeit Rubensscher Putten nicht erreichte.

*Tanzende Amoretten.*

Zu den spärlichen urkundlich sicheren Nachrichten aus dem Leben van Dycks gehört die, dass er am 6. März 1628 sein Testament machte. Danach sollte seine gesamte Hinterlassenschaft seinen beiden als Beghinen in Antwerpen lebenden Schwestern Susanna und Isabella zukommen und nach deren Tode an die Armen und an die St. Michaelskirche fallen.

In dem nämlichen Jahre trat van Dyck einer von den Jesuiten geleiteten frommen Vereinigung, der Bruderschaft der Unvermählten, bei. Für die Kapelle, welche diese Bruderschaft in der Jesuitenkirche hatte, malte er 1629 und 1630 zwei Altarbilder, das eine der heiligen Rosalia, das andere dem seligen Hermann Joseph gewidmet. Beide Gemälde befinden sich jetzt in der kaiserlichen Gemäldegalerie zu Wien. Die heilige Rosalia ist in einer liebenswürdigen, in lichter Farbenfreude glänzenden Komposition dargestellt, wie sie vor dem Throne der

Muttergottes kniend, von dem Jesuskinde die Krone der Heiligkeit empfängt; An den Seiten des Thrones stehen die Apostel Petrus und Paulus, und Engel schweben, Rosen bringend, herbei. Hermann Joseph erscheint gleichfalls vor den Füßen der Jungfrau Maria kniend; ein Engel hat ihn geleitet, und die Himmelskönigin legt, sich vornehm und zugleich freundlich herabneigend, ihre Hand in die Hand des mit dem Ausdruck der Ergriffenheit und inniger Verehrung emporsehenden jungen Geistlichen. – Der Preis, der dem Künstler für die beiden Gemälde bezahlt wurde, betrug 450 Gulden.

Aus dem Jahre 1630 erfahren wir ferner, dass van Dyck sich an einer Anleihe der Stadt Antwerpen beteiligte, indem er eine Summe von 4800 Gulden hergab, wofür er eine jährliche Rente von 300 Gulden bekam. Eine weitere feststehende Einnahme, im Betrag von 250 Gulden, erhielt er vom Hof zu Brüssel auf Grund des ihm von der Infantin verliehenen Titels eines Hofmalers.

In dasselbe Jahr fällt ein zeitweiliger Aufenthalt van Dycks im Haag, wohin er berufen wurde, um den Erbstatthalter Friedrich Heinrich von Nassau und dessen Gemahlin Amalie von Solms zu malen. Die Bildnisse beider Fürstlichkeiten befinden sich jetzt im Pradomuseum zu Madrid. Der Prinz steht in voller Rüstung da; die Prinzessin, jugendlich und schön, sitzt, in schwarze Seide gekleidet, in einem Sessel. Ein zweites Bild der Fürstin besitzt das Wiener Hofmuseum.

Amalie von Solms war eine große Verehrerin der Kunst van Dycks. In dem Verzeichnisse ihres Nachlasses werden acht Gemälde von dessen Hand namhaft gemacht. Noch andere Werke von ihm werden unter den Bildern, welche das dem Erbstatthalter gehörige Schloss Loo schmückten, genannt. Außer Bildnissen befinden sich unter diesen für das Fürstenpaar gemalten Bildern Darstellungen religiösen, mythologischen und allegorischen Inhalts.

Aus der Zeit des Aufenthaltes in Holland wird ein Geschichtchen überliefert von der Begegnung van Dycks mit Franz Hals. Der Antwerpener Maler sei in die Werkstatt des Haarlemer Meisters getreten und habe, ohne sich zu nennen, sein Porträt bestellt. Franz Hals habe sich sofort an die Arbeit begeben und in einer kaum zweistündigen Sitzung das Bild fertig gemacht. Darauf habe van Dyck gesagt, das Porträtmalen schiene eine leichte Sache zu sein, er wolle es auch einmal versuchen. Und nun habe er den Franz Hals in noch kürzerer Zeit gemalt. Da sei diesem die Erkenntnis gekommen, dass der Fremde kein anderer als Anton van Dyck sein könne, und voller Freude über die unerwartet gemachte persönliche Bekanntschaft mit einem Ebenbürtigen oder Größeren, habe Franz Hals seinen Besucher ins Wirtshaus mitgenommen.

Das Geschichtchen ist vielleicht mehr für die alten Biographen bezeichnend, als für die beiden Künstlerpersönlichkeiten. Was davon als Tatsache übrigbleibt, ist, dass van Dyck den Franz Hals porträtiert hat. Er zeichnete damals auch von mehreren anderen holländischen Künstlern die Bildnisse.

In das Jahr 1631 fällt wieder die Entstehung eines berühmten Altargemäldes. Roger Braye, Kanonikus der Liebfrauenkirche zu Courtrai, bestellte bei van Dyck für eine Kapelle dieser Kirche eine Darstellung der Kreuzigung Christi. Der Künstler wählte, wie dies auch Rubens einmal getan hatte, den Augenblick der Aufrichtung des Kreuzes. Unter der Aufsicht eines berittenen Kriegsmannes, hinter dem ein anderer Reiter das obrigkeitliche Banner trägt, strengen vier Männer sich an, das Kreuz emporzurichten und zugleich in die Grube einzupflanzen, die ein fünfter mit der Schaufel ausgeworfen hat. Die rohen Hände der Henker greifen unbarmherzig in das zarte, weiße Fleisch des Gekreuzigten, der mit dem Blicke des unschuldigen Opferlammes die Augen nach oben wendet. In diesem Ausdruck der vollkommenen Unschuld und einer Ergebung, die kein unwillkürliches Widerstreben, kein Zucken eines Muskels im Schmerze zulässt, liegt das eigentümlich Ergreifende des Bildes, dasjenige, wodurch dasselbe einen anderen Charakter bekommt, als das inhaltsgleiche Rubenssche Gemälde, das ihm in der Anordnung der Komposition mit dem diagonal das Bild durchschneidenden Kreuz und auch darin ähnlich ist, dass eine mächtige Einwirkung auf das Gemüt des Beschauers erzielt wird durch das Zusammenstellen von nur ganz mitleidlosen Personen mit der mitleiderweckenden Gestalt des Opfers. Das Gemälde wurde im Mai 1631 an seinem Platz aufgestellt. Es befindet sich noch heute in der Liebfrauenkirche zu Courtrai. Das Archiv des Kapitels dieser Kirche bewahrt noch als ein seltenes Stück die eigenhändige Quittung van Dycks über den Empfang des Honorars von hundert Pfund flämisch (sechshundert Gulden).

Neben den wenigen Werken, deren Entstehungszeit feststeht, schuf van Dyck in den sechs oder sieben Jahren, welche er nach der Rückkehr aus Italien in der Heimat zubrachte, eine Menge von Gemälden, für welche die Zeitangabe im Einzelnen fehlt. Im Allgemeinen nimmt man an, dass diejenigen Bilder, bei denen die Erinnerung an die Farbengebung der venezianischen Meister am stärksten nachklingt, am frühesten nach der italienischen Reise entstanden seien. Doch ist auch diese Annahme kein unbedingt sicherer Anhaltspunkt. Jedenfalls war dieser Abschnitt seines Lebens derjenige, in welchem er mit einer unglaublichen Leichtigkeit des Schaffens die reichste und vielseitigste Tätigkeit entfaltete und in welchem er zur höchsten Entwicklung seines Könnens gelangte. In diese Zeit fällt neben den schon genannten Altarbildern eine große Zahl hervorragender religiöser Gemälde. Besonders häufig kommen unter denselben die Kreuzigung und die Beweinung Christi vor.

Den letzteren Gegenstand wusste der Meister in mannigfaltiger Weise und immer ergreifend aufzufassen. Die berühmtesten dieser Darstellungen befinden sich im Museum zu Antwerpen und in der Münchener Pinakothek. Auf dem Antwerpener Bilde sehen wir den heiligen Leichnam lang ausgestreckt und starr, mit Haupt und Schulter auf den Schoß der Mutter gebettet daliegen. Maria, mit dem Rücken an das dunkle Gestein des Felsens gelehnt, dessen Gruft den Toten aufnehmen soll, breitet in lautem Jammer die Arme aus. Der Jünger Johannes hat die Rechte des Heilands gefasst und zeigt die blutigen Wunden den Engeln, die herbeigekommen sind und bei dem Anblick in Tränen ausbrechen. Diese Gruppe des Johannes und der Engel steht in weichen, warmen Tönen vor der blassen blauen Luft. In eigentümlicher, eindrucksvoller Wirkung wird der bleiche Fleischton des Leichnams durch dieses Nebeneinander der kalten Helligkeit und des warmen Dunkels einerseits und durch das reine Weiß des Leintuches und das Blaugrün des über den Schoß Marias gebreiteten Tuches andererseits hervorgehoben. Das Münchener Bild ist von dem Antwerpener im Ganzen Eindruck schon dadurch verschieden, dass sich alles in weicheren, fließenden Linien bewegt. So ist auch die Stimmung hier noch weicher, klagender, als dort. Der Schauplatz ist nicht vor den Gruftfelsen verlegt, sondern an den Fuß des schräg umgelegten Kreuzes. Maria lehnt sich mit den Schultern an den Stamm und wendet das Antlitz – eine getreue Übertragung des antiken Niobekopfes in die Malerei – zum Himmel. Den schmerzlichen Blick begleitet eine gleich-

Beweinung Christi.

sam fragende Gebärde der ausgestreckten rechten Hand, während die andere Hand die durchbohrte Linke des toten Sohnes emporhebt. Der Leichnam liegt mit dem ganzen Oberkörper in den Schoß der Mutter geschmiegt, sein Haupt ruht wie schlummernd an ihrer Brust. Engel in farbigen Gewändern, zum Teil von dem hellen Licht bestrahlt, das den Körper des Heilands mit einem goldigen Ton überflutet, zum Teil in tiefe, weiche Schatten gehüllt, betrachten schmerzerfüllt den Toten, und weinende Cherubimköpfe erscheinen im Gewölk der von der roten Abendglut durchleuchteten Luft. Man mag, wenn man will, etwas von gesuchter Formenschönheit in diesem Gemälde finden; aber die Empfindung, aus der das Ganze hervorgegangen, ist echt. Diesen beiden gefeierten Darstellungen reiht sich das inhaltsgleiche Gemälde im Berliner Museum ebenbürtig an. Hier ist der heilige Leichnam auf einer mit dem Leintuch bedeckten Steinbank vor dem Felsen niedergelassen worden. Johannes, auf derselben Steinbank sitzend, hält ihm den Oberkörper und das Haupt in erhöhter Lage. Die Mutter Maria steht daneben und beugt sich mit vorgestreckten Händen herab, um den Toten noch einmal zu umarmen. Magdalena, an ihrer Seite, fasst nach ihrem Arm, als wollte sie ein allzu heftiges Vorwärtsstürzen verhindern. Die Klage des Himmels deutet nur ein kleiner Engelknabe an, der mit schmerzlich bewegtem Gesichtchen dem Beschauer das Wundmal in der Hand des Erlösers zeigt. Die Stimmung ist auch hier weich. Licht und Farbe entwickeln sich in gedämpften Tönen aus braunen Tiefen heraus. Die große braungraue Masse des Felsens bildet den Hintergrund für die Frauen; Maria trägt ein dunkelgraues Kleid, gelblichen Schleier und blaues Kopftuch, Magdalena ein dunkelgelbes Kleid, dessen Farbe mit derjenigen ihres goldblonden Haares fast übereinstimmt, und einen schwarzen Überwurf. Der Oberkörper des Johannes, der mit einem schwärzlichen Rock bekleidet ist, hebt sich dunkel ab von der grauwolkigen Lust, die nur an einzelnen Stellen das Blau des Himmels zwischen hellen Lichtern auf den Wolkenrändern hervorblicken lässt. Wie bei Maria das herkömmliche Blau der Kleidung nur an dem kleinen Stück gezeigt wird, welches ihr über Hinterhaupt und Schulter liegt, so ist bei Johannes das übliche Rot auf das Stück Mantel beschränkt, welches über seinen Knien hängt.

Neben diesen Gemälden mag eine ausdrucksvolle Zeichnung in der Albertina zu Wien erwähnt werden, welche den toten Christus im In-

*Beweinung Christi.*

nern der Gruft, wo eine Schar von Engeln ihn weinend umgibt, darstellt. Es ist bezeichnend für van Dyck, dass auch hier der Leichnam nicht starr und gestreckt, sondern mit erhöhtem Oberkörper und leicht gebogenen Gliedern daliegt, so dass ein weicher Fluss der Linien entsteht.

*Der Leichnam Christi, von Engeln beweint.*

Zu den Kreuzigungsbildern gehören außer den schon besprochenen noch zwei figurenreiche Altargemälde in belgischen Kirchen: das eine in der Kathedrale zu Mecheln, das andere in der St. Michaelskirche zu Gent. Auf dem ersteren wird die Ergebenheit des Heilandes durch die gewaltsamen Schmerzbewegungen der zwei Schächer hervorgehoben. Christus wendet sein Haupt der wehklagenden Mutter zu. Johannes steht Maria zur Seite, und Magdalena umklammert den Fuß des Kreuzes. Petrus und ein anderer Apostel kommen in einiger Entfernung

*Beweinung Christi.*

heran. Kriegsleute zu Fuß und zu Pferd füllen den übrigen Raum. Das Bild wurde im Auftrage eines Herrn van der Laen für den Preis von 2000 Gulden für die Minoritenkirche zu Mecheln gemalt. Im Jahre 1794 nach Paris entführt, wurde es nach der Rückgabe an die Domkirche St. Romuald geschenkt. Das Genter Gemälde, das leider durch wiederholte sogenannte Restaurationen sehr verdorben ist, stellt den Augenblick dar, wo dem durstenden Heiland der Essigschwamm gereicht wird. Auch hier sieht man auf der einen Seite Maria und Johannes, auf der anderen die Kriegsleute, Magdalena am Fuße des Kreuzes, in der Luft flattern zwei kleine Engel vor dem verfinsterten Himmel. – Ein für die Minoritenkirche zu Lille gemaltes Altarbild, welches den Gekreuzigten mit Maria und Johannes zeigt, befindet sich jetzt im Museum zu Lille. – In zahlreichen Bildern hat van Dyck die einzelne Gestalt des hell beleuchtet vor einem schwarzgrauen Himmel hängenden gekreuzigten Erlösers mit tiefer Auffassung gemalt.

Neben solchen Schilderungen des Leidens und Schmerzes steht eine Anzahl liebenswürdig aufgefasster Madonnenbilder. Vielleicht das schönste von diesen befindet sich in der Münchener Pinakothek Eine liebliche und doch groß und ernst aufgefasste Gestalt, hält Maria mit beiden Händen das neben ihr auf einem Stein stehende Jesuskind und blickt sinnend herab auf den kleinen Johannes, der das Spruchband mit den Worten: „Siehe, das Lamm Gottes" emporreicht (siehe Seite 35). Die rechte Seite Marias und der Kopf des Johannesknaben heben sich mit kräftigem Umriss von einer lichtwolkigen Luft ab; in der anderen Hälfte des Gemäldes bildet dunkel beschattetes Mauerwerk, mit welchem das dunkle Obergewand Marias weich zusammenklingt, einen tiefen Hintergrund für die leuchtend helle Gestalt des unbekleideten Jesuskindes. Zweifellos ist es berechtigt, wenn man in der gewundenen Stellung des Kindes etwas Geziertes finden will. Aber darüber mag man gern hinwegsehen im Genuss der echten malerischen Empfindung des farbenschönen Gemäldes.

Ein zweites Marienbild, welches die Münchener Pinakothek besitzt, fesselt gleichfalls durch eine innige Lieblichkeit. Die heilige Familie befindet sich auf der Flucht nach Ägypten, unter Bäumen eine kurze Rast genießend. Der kleine Jesus ist auf dem Schoße Marias, mit dem Kopfe an ihre Brust gelehnt, eingeschlafen, und leise, behutsam, dass ja ihre Bewegung das Kind nicht wecke, wendet diese den Kopf

*Christus am Kreuz.*

ein wenig zur Seite, um zu hören, was der Pflegevater Joseph, der sich über ihre Schulter beugt, zu ihr spricht. In zarten, lichten Farben heben sich die Gruppe von Mutter und Kind und der Kopf des Greises von dem Dunkel der Bäume ab, das von lichten Luftdurchblicken unterbrochen wird.

*Ruhe auf der Flucht nach Ägypten.*

Im Louvremuseum zu Paris befindet sich ein sehr schönes Marienbild, welches ein niederkniendes Ehepaar in Anbetung vor dem vom Schoß der Mutter sich ihm freundlich zuneigenden Jesuskinde zeigt. Derarti-

Maria, Jesus und Johannes.

ge Stifterbilder waren damals ziemlich aus der Mode gekommen; van Dyck aber fand hier eine glückliche Gelegenheit, seine Kunst als Madonnenmaler und als Bildnismaler vereinigt zu zeigen.

In die Zahl der Marienbilder gehört noch die von ihm mehrmals gemalte Darstellung, welche die Muttergottes als Zuflucht der reuigen Sünder zeigt. König David, Maria Magdalena und den verlorenen Sohn sehen wir als die Vertreter der Bußfertigen in einer solchen Darstellung, welche in zwei übereinstimmenden Exemplaren im Louvre und im Berliner Museum vorhanden ist.

Die Münchener Pinakothek, in der man van Dyck nach allen Seiten hin kennen lernen kann, bietet auch mehrere Beispiele von Gemälden, welche ihre Stoffe der heiligen Schrift entnehmen, ohne darum irgendwie einen kirchlichen Charakter zu beanspruchen. Sichtlich unter dem noch ganz frisch wirkenden Eindruck der Werke Tizians entstanden ist das Bild: Christus spricht mit dem geheilten Gichtbrüchigen. Dieses aus vier Figuren – dem Heiland, dem Geheilten mit seinem Bettzeug über dem Arm, einem Jünger und einem Pharisäer – auf aus lichter Luft und einer dunklen Wand zusammengesetzten Hintergrund bestehende Gemälde stellt sich uns unverkennbar als ein Versuch dar, mit dem großen Venezianer in Bezug auf Farben und Ausdruck zu wetteifern.

Ungleich selbständiger und darum ansprechender ist die Darstellung der von den beiden Alten im Bade überraschten Susanna. Hier hat der Maler geschwelgt in der Wiedergabe des eigenen Zaubers hell beleuchteten zarten Fleisches, und er hat sich dabei mehr von dem Reiz der lebendigen Natur, als von der Erinnerung an alte italienische Meister leiten lassen. In dem dunklen Rotbraun des Gewandes, mit dem Susanna sich zu verhüllen sucht, hat er einen prächtigen Gegensatzton zu der lichten Haut gefunden, auf deren Hervorhebung auch die ganz dunkel gehaltene Umgebung berechnet ist; nur die ausdrucksvoll sprechenden Köpfe der beiden Alten und die rechte Hand des einen, die mit lüsternem Finger die weiche Schulter des Mädchens berührt, treten noch hell aus dem Dunkel hervor. Erfreulich wirkt in diesem Bilde auch das Fehlen jeglicher Geziertheit in Bewegung und Ausdruck der Susanna; wie die Überraschte sich erschreckt zur Seite biegt und in sich zusammenzieht und dabei zugleich einen Blick entschlossener Abwehr dem Manne zusendet, der mit Worten und mit

*Christus und der geheilte Gichtbrüchige.*

dem tätlichen Versuch, ihr das Gewand, das sie mit kräftig geschlossener Faust festhält, zu entziehen, auf sie eindringt, das ist mit einer bewunderungswürdigen Natürlichkeit wiedergegeben. Trotz der glücklichen Durchbildung des Ausdrucks in diesem Werk braucht man nicht daran zu zweifeln, dass van Dyck, ebenso wie wohl fast alle Maler, welche jemals diesen Gegenstand behandelt haben, die keusche Susanna nicht um ihrer Tugend, sondern um ihrer Entkleidung willen malte.

*Susanna im Bade.*

Die blendende Wiedergabe weichen, jugendlichen Fleisches war ihm auch die Hauptaufgabe bei der zweiten in der Münchener Pinakothek befindlichen Darstellung der Marter des heiligen Sebastian, als deren Entstehungszeit das Jahr 1626 überliefert wird, und die einen ganz anderen künstlerischen Charakter zeigt, wie das ältere Gemälde des gleichen Inhalts.

*Der heilige Sebastian.*

Der Heilige, so jugendlich aufgefasst und so weiß und zart, dass man bei diesem Anblick wirklich nicht an einen römischen Kriegsmann denken kann, scheint hier an nichts anderes zu denken, als an die Schaustellung seiner anmutigen Körperformen zum Zwecke der Bewunderung. Mit einem geradezu koketten Ausdruck heftet er den Blick auf den Beschauer. Und es gelingt ihm in der Tat, unsere Bewunderung derartig zu fesseln, dass wir kaum zu einer Empfindung für die unangenehme Lage, in der er sich befindet, gelangen. Ein halbnackter Riese schnürt den Strick zusammen, mit dem die Unterschenkel des Beurteilten an den Baumstamm gebunden sind; ein wilder dunkelbrauner Schütze, der sich prächtig abhebt von dem weißen Ross des die Exekution leitenden Hauptmanns, legt ihm die Hand aufs Haupt, als wolle er ihn höhnisch auffordern, dem Tod recht mutig ins Auge zu sehen; ein anderer, dessen Gesicht im Schatten des Helms verschwindet, wählt prüfend die schärfsten Geschosse aus seinem Pfeilbündel aus. Aber diese Gestalten, durch deren Gebaren der Maler sich bemüht hat das Schreckliche des Vorgangs recht anschaulich zu machen, vermögen unseren Blick nicht festzuhalten, der immer nur auf der lichten Jünglingsgestalt haften bleibt; und ihr grimmiges Tun reicht nicht aus, um eine Empfindung des Mitleids aufkommen zu lassen für den seine Schönheit so hell ins Licht stellenden Märtyrer. Es ist nicht möglich, die Geziertheit weiter zu treiben – und doch bestrickt uns das Gemälde und fesselt uns zu längerer Betrachtung, und zwar nicht allein durch die prächtig gemalte anmutige Jünglingsgestalt, sondern auch durch den hohen malerischen Reiz des Ganzen.

Seltener als aus dem religiösen Stoffgebiet wählte van Dyck die Vorwürfe für seine Bilder aus der Mythologie. Für ihn hatte die antike Götterwelt nicht annähernd mehr eine solche Bedeutung, wie sie für Rubens hatte. Das lag sowohl in den Anschauungen des jüngeren Geschlechts, dem er angehörte, als auch in seinem Temperament begründet. In Rubens lebte noch etwas von jenem Geist der Renaissance, der den Heidengöttern und ihrem Gefolge gleichsam ein neues Dasein gegeben hatte; für seine überschäumende Bollkraft waren jene von übermenschlicher Kraft und übermenschlicher Daseinsfreude erfüllten Gestalten, mit denen er Himmel und Erde und Meer bevölkerte, eine so naturgemäße Verkörperung seiner Ideen, dass sie für seine Einbildungskraft sozusagen die Bedeutung von wirklich vorhandenen Wesen hatten – in ähnlicher Weise etwa, wie zu unserer Zeit Moritz von Schwind sagte, dass er an seine Nixen und Erdmännlein glaube.

Für van Dyck dagegen war die ganze klassische Götter- und Heldensage weiter nichts als ein großes Nachschlagebuch für Stoffe, welche Gelegenheit zum Malen nackter Figuren gaben, besonders weiblicher, zu deren Darstellung sich sonst nur selten Veranlassung fand. So haben denn auch seine mythologischen Gestalten nichts mehr von urwüchsigen Naturwesen, man sieht ihnen vielmehr das entkleidete Modell an.

*Danae.*

Die Danae in der Dresdener Gemäldegalerie, eine hübsche jugendliche Gestalt, die, auf dem Ruhelager ausgestreckt, die Arme nach dem vom Himmel fallenden Golde ausbreitet, während ihre alte Dienerin sich vergeblich bemüht, etwas davon im Gewande aufzufangen, macht den Eindruck einer eleganten Salondame. Frischer wirkt das im Pradomuseum zu Madrid befindliche Gemälde: Diana und Endymion von einem Satyr belauscht. Im Waldesdunkel schlummert die Göttin, von Jagdgerät und Jagdbeute umgeben, auf einem aus ihren abgelegten Gewändern bereiteten Lager; ihre linke Hand ruht im Arm des Schläfers Endymion. Auch der Jagdhund ist eingeschlafen. Der Satyr schleicht im Dickicht leise heran, ganz verborgen im Schatten; nur ein

Arm von ihm kommt in das Licht hervor, ein langer, gerade ausgestreckter Arm, der höhnisch auf die Göttin hinweist, als sollten andere, unseren Blicken noch verborgene Waldgeister darauf aufmerksam gemacht werden, in welcher Lage die sonst so unnahbare Jungfrau hier zu sehen sei. In weichen Tönen entwickelt sich die schöne Farbe des Bildes aus einem bräunlichen Grundton heraus.

*Diana und Endymion, von einem Satyr überrascht.*

Als in die Reihe der mythologischen Darstellungen gehörig mag noch ein in englischem Privatbesitz befindliches Gemälde besonders erwähnt werden, in welchem van Dyck sich selbst als Paris mit dem Apfel in der Hand – aber ohne die Göttinnen – gemalt hat.

Den mythologischen Bildern schließt sich als inhaltsverwandt eine mehrmals behandelte Darstellung von Rinaldo und Armida an – ein Stoff, den schon Rubens aus der Dichtung Tassos als Bildgegenstand herausgehoben hatte. Die schöne, lächelnde Zauberin, die auf dem

Rasen des Gartens sitzt, und der Held, der mit dem Kopf in ihrem Schoße ruht; ein dunkler Hintergrund von üppig dichtem Laubwerk und ringsum die Lichtgestalten eines Schwarmes von kleinen Liebesgöttern, die in der Luft und auf dem Boden sich neckisch umhertummeln: So setzt sich diese von einer reizvollen dichterischen Stimmung erfüllte Schöpfung van Dycks zusammen, von der sich das bekannteste Exemplar im Louvre befindet. Van Dyck malte diesen Gegenstand im Jahre 1629 für einen Kammerherrn des Königs von England, Endymion Porter, der ihn mit der Anfertigung eines für den König bestimmten Bildes beauftragt hatte. Ein anderes Exemplar befand sich unter den Gemälden, welche er für den Erbstatthalter von Holland und dessen Gemahlin ausführte.

Dem mythologischen Gebiet mag man auch einige, nicht gerade sonderlich gehaltreiche Allegorien beizählen, wie die Darstellung des Zeitgottes, der dem Amor die Flügel beschneidet, in der Sammlung des Herzogs von Malborough. Weiterhin reihen sich der verhältnismäßig geringen Zahl von van Dycks Historienbildern nicht religiösen Inhalts noch einige Darstellungen aus der biblischen und aus der römischen Geschichte ein. So die Gefangennahme Simsons, eine für van Dyck ungewöhnlich wild bewegte Komposition, in der Liechtensteingalerie zu Wien, und die Enthaltsamkeit des Scipio, in einer englischen Sammlung. Auch die neuere Geschichte hat ihm in vereinzelten Fällen Stoffe geliefert. So finden wir in der Münchener Pinakothek eine große Schilderung der Schlacht bei Saint-Martin-Eglise, in welcher Heinrich IV den Herzog von Mayenne besiegte. Van Dyck malte dieses Bild im Verein mit dem Schlachtenmaler Snayers; von seiner eigenen Hand rühren wohl nur die stolzen Reiterfiguren des Königs und seines Gefolges im Vordergrund her.

Wie hoch man auch den Wert von manchen der sogenannten Historienbilder, namentlich derjenigen religiösen Inhalts, welche van Dyck in den Jahren 1626 bis 1632 entstehen ließ, schätzen mag: Sein Bestes gab er auch in diesem Abschnitt seines Lebens, den man als seine Blütezeit betrachten muss, in Bildnissen. Seine außerordentliche Befähigung, die Menschen in überzeugender Ähnlichkeit und zugleich in ansprechendster Auffassung wiederzugeben, und solche Darstellungen zu in Form und Farbe gleich abgerundeten wirklichen Kunstwerken – zu eigentlichen Bildern im Malersinne des Wortes – zu gestalten, wurde allgemein anerkannt, und kaum eine Persönlichkeit von irgendwelcher Bedeutung, die in Antwerpen lebte oder vorübergehend dort verweilte, versäumte es, sich von van Dyck malen zu lassen. Auch die französische Königin Maria von Medici besuchte ihn bei ihrer Durchreise durch Antwerpen im Jahre 1631 in seiner Werkstatt und saß ihm zu einem Bilde. Van Dyck hatte eine glückliche Hand in der Wiedergabe hochstehender Personen; fast noch glücklicher war er im Festhalten der Erscheinung von Künstlern. Die Menge der meisterhaften Bildnisse, die er vor dem Ablauf seines dreiunddreißigsten Lebensjahres neben der doch auch sehr ansehnlichen Zahl anderer Werke malte, bekundet eine Leichtigkeit des Schaffens, die derjenigen des Rubens nicht nachstand.

In deutschen Galerien finden wir zahlreiche Prachtstücke von Bildnissen van Dycks aus diesen Jahren rastloser Arbeit. Sehen wir uns zunächst in der Münchener Pinakothek um, so finden wir da eine ganze Reihe von stolzen Porträts in ganzer Figur. Der Zeit nach stehen an deren Spitze vielleicht die Bilder des Herzogs Karl Alexander von Eroy und seiner Gemahlin Genofeva von Urfé (siehe Seite 49 und 50). Die Herzogin, eine zu ihrer Zeit als Schönheit gefeierte Dame, die wir hier in einem Kleid von schwarzem Atlas mit reich gemusterten hellseidenen Einsätzen dastehen sehen, ist dem Maler weniger gut gelungen, als der Herzog, dessen wohlbeleibte Gestalt in lebendiger Bewegung an der Schwelle eines Treppenaufganges steht, und der uns aus seinem fleischigen, von schwarzen Locken eingerahmten Gesicht mit einem freundlichen Blick anschaut; er scheint gleichsam die Einladung auszusprechen, mit ihm seine fürstliche Wohnung zu betreten. Der höchsten Aristokratie gehört ohne Zweifel auch der unbekannte Herr an, der in stolzer Haltung, die Linke unter dem Atlasmantel in die Seite gestemmt, mit dem abgenommenen Hut in der Rechten da steht und uns fest und ruhig ansieht (siehe Seite 51). Von den Bildnissen eines unbekannten Ehepaares, das ohne rechten Grund als ein Bürgermeister von Antwerpen mit seiner Gattin bezeichnet zu werden pflegt (siehe Seite 52), ist dasjenige der Dame, bei der das dunkle Seidenkleid und die reichen Spitzen ein angenehmes Gesicht und feine Hände prächtig hervortreten lassen, ein ganz besonders fesselndes Meisterwerk. Den Glanzpunkt aber in der Reihe dieser vornehmen Gestalten in ganzer Figur bildet die fürstliche Erscheinung des Herzogs Wolfgang Wilhelm, Pfalzgrafen bei Rhein und von Neuburg. Das

*Genofeva von Urfé, Herzogin von Croy.*

*Karl Alexander, Herzog von Croy.*

*Bildnis eines Unbekannten.*

Bürgermeister von Antwerpen.  Bürgermeisterin von Antwerpen.

Bild wurde, nach Ausweis des alten Katalogs der Düsseldorfer Gemäldegalerie, im Jahre 1629 gemalt. Wolfgang Wilhelm, seit 1624 Herzog von Berg, war der Begründer dieser berühmten Gemäldesammlung, welche im Jahre 1805, um sie vor den Franzosen zu retten, aus der bergischen Hauptstadt nach München gebracht wurde, wo sie seitdem verblieben ist. Seinem Kunstsinn verdankt daher die Münchener Pinakothek ihren Reichtum an Werken von Rubens und van Dyck. In einer ganz schlicht natürlichen Haltung, aber ein echter Edelmann und Landesherr, steht der Pfalzgraf da, mit der Linken am Degengriffe, die Rechte in das Ordensband des Goldenen Vließes gesteckt; ihm zur Seite eine gewaltige gefleckte Dogge.

*Wolfgang Wilhelm von der Pfalz-Reuburg, Herzog von Jülich und Berg.*

Nicht minder vorzüglich als malerische Meisterwerke und fesselnder noch durch das Eingehende, man möchte sagen Freundschaftliche der Auffassung, stehen neben den Bildern hoher Persönlichkeiten die Künstlerbildnisse. Während dort die stattliche Darstellung in ganzer Figur vom Besteller verlangt oder vom Künstler gewünscht war, hat van Dyck bei diesen immer die Wiedergabe in halber Figur oder in Brustbild vorgezogen. Ein wahres Prachtstück ist das Doppelbildnis des Malers Jan de Waal und seiner Gattin. Der alte Herr, der Vater jener beiden Maler, mit denen van Dyck zu Genua in enger Freundschaft lebte, steht in würdevoller aufrechter Haltung da; seine Miene scheint uns von dem Ernst seines künstlerischen Wollens während eines langen Lebens zu erzählen, und seine Wendung nach der Gattin hin mit der sprechenden Handbewegung scheint uns zu sagen, eine wie treue Stütze er an dieser braven Frau gefunden habe, deren vertrocknetes, vergilbtes Gesicht die Spuren vieler Sorgen und Mühen trägt.

*Der Maler Jan de Waal und seine Frau.*

Ebenfalls mit seiner Gattin ist der Bildhauer Colyns de Nole gemalt, aber nicht in einen Rahmen vereinigt, sondern in zwei Gegenstücken. Die beiden Bilder gehören dicht nebeneinander. Mit einer gewissen Behäbigkeit, durch die indessen ein von Natur lebhafteres Temperament hindurchspricht, im Lehnstuhl sitzend, blickt Colyns uns mit einem Ausdruck innerer Zufriedenheit an. Ihm gegenüber sitzt seine Lebensgefährtin, sehr stattlich gekleidet, in einem gleichen Lehnstuhl; sie ist noch ziemlich jung; aber ihre Schönheit beginnt der Einwirkung von Kümmernissen zu unterliegen. Ein Töchterchen schmiegt sich an den Arm der Mutter und sieht mit einem fast scheuen Blick nach dem Vater hinüber.

*Der Bildhauer Andreas Colyns de Nole.*

In einem kostbaren Kabinettstück von ganz kleinem Maßstabe ist der Schlachten- und Landschaftsmaler Peter Snayers abgebildet, der mit seinem wetterharten Gesicht unter dem breitkrempigen Hut selbst wie einer der Kriegsleuteaussieht, die er zu malen liebte. Karl de Mallery, ein Kupferstecher, zeigt sich uns in einem Bilde von wunderbarer Lebenswahrheit; blond, fleischig, gesund und phlegmatisch, mit einer feinen, wohlgepflegten Hand, die er über dem künstlerisch um die Schulter geworfenen Mantel zur Schau stellt.

*Der Kupferstecher Karl de Mallery.*

Den Bildnissen von Vertretern der bildenden Kunst reiht sich dasjenige eines Musikers an: Heinrich Liberti aus Gröningen, Organist an der Antwerpener Kathedrale, wird uns vorgeführt als ein schönheitsbewusster Jüngling, der, mit einer großen Goldkette geschmückt, mit einem Notenblatt in der Hand, sich in weicher Bewegung an eine Kirchensäule lehnt und sich mit geziertem Ausdruck das Aussehen eines Engels oder eines Evangelisten Johannes gibt. Man kann freilich in Zweifel darüber bleiben, ob die Verantwortung für diese gekünstelte Auffassung nicht mehr dem Maler als dem Musiker zur Last fällt.

*Der Organist Heinrich Liberti.*

Eine Unzahl von Meisterwerken der Bildniskunst ersten Ranges finden wir in der Gemäldegalerie zu Kassel. Da steht an allererster Stelle das Doppelbildnis des Tiermalers Franz Snyders und seiner Frau. Snyders ist öfter von van Dyck gemalt worden, und immer ist er Gegenstand eines ausgezeichneten Bildes geworden. In dem Kasseler Gemälde sitzen Mann und Frau nebeneinander; ihre Rechte ruht auf seiner auf die Armlehnen des Stuhls gelegten Linken. Beide sehen den Beschauer klar und ruhig an. Das feine, geistreiche Gesicht des Snyders ist bleich von Farbe; Haar und Bart sind blond, die Augen grau. Wer Snyders zum ersten Mal sieht, ist erstaunt, in dieser fast zart zu nennenden Erscheinung den Maler jener Tierstücke, in denen wahrhaft Rubenssche Leidenschaft lebt, zu finden. Das kluge Gesicht von Frau Snyders ist weiß und rosig; ihre Augen haben ganz die nämliche Farbe, wie die des Mannes; ihr Haar ist dunkler. Beide sind angenehme Persönlichkeiten, so liebenswürdig aufgefasst, dass sie gleich beim ersten Anblick das Herz des Beschauers gewinnen. Nach der herrschenden Mode sind beide in Schwarz gekleidet; das Kleid der Frau hat vorn einen zierlich gearbeiteten goldgestickten Einsatz. Der Hintergrund setzt sich zusammen aus einem aufgerafften olivengrauen Vorhang und einem durch einen grauen Pfeiler geteilten Ausblick ins Freie, wo sich unter ruhigem, grauem Himmel eine baumreiche Ebene zu einer fernen blauen Hügellinie hinzieht. Der Farbenreiz des Gemäldes ist ebenso künstlerisch vollkommen, wie die Lebendigkeit und geistige Tiefe der Auffassung.

Ein diesem ebenbürtiges Familienbild zeigt einen Herrn Sebastian Leers mit Frau und Söhnchen, gleichfalls ein vollendetes Prachtstück sowohl in Bezug auf lebendige Personenschilderung wie auf die Schönheit des Tons. Auch hier sitzen Mann und Frau – diese eine lebhaft blickende Brünette – nebeneinander, in schwarzer Seidenkleidung, mit Einsatz von Goldbrokat am Frauenkleid. Der blonde Knabe, der neben seiner Mutter steht, hat ein Mäntelchen von hellgrüner Seide umgenommen, das einen reizvollen lebhaften Ton in die Stimmung des Ganzen bringt. Auch hier enthält der Hintergrund einen Ausblick ins Freie von kühlem Ton. Zu den prächtigsten unter den in Kassel befindlichen van Dyckschen Bildnissen gehören ferner zwei Gegenstücke, welche einen Herrn und eine Dame in ganzer Figur zeigen. Wer die beiden Persönlichkeiten sind, ist nicht bekannt. Jedenfalls hat dieser Herr, der mit einer Gebärde des Sprechens uns gegenübersteht, irgendein öffentliches Amt bekleidet. Er trägt ein Staatsgewand von schwarzer Seide, aus langem Rock und Überwurf bestehend. Das Seidenschwarz mit seinen glänzenden grauen Lichtern, eine bräunlich-graue Wand, in der oben links am Bildrande sich ein schmaler Durchblick in das Freie öffnet, und das dunkle Grün eines an der rechten Seite des Bildes bis zum Boden herabhängenden seidenen Vorhangs vereinigen

*Der Maler Franz Snyders und seine Frau.*

sich zu einem Dreiklang von vornehmer, ernster Wirkung, aus dem sich die Helligkeiten des von braunem Haar eingefassten Gesichts und der Hände – das warme Fleisch von kühlem Weißzeug begleitet – lebhaft herauslösen. Bei dem dazu gehörigen Damenbildnis ist die Farbenstimmung ebenso vornehm, aber reicher, festlicher. Ein Vorhang von roter Seide fällt auf die Lehne eines rotgepolsterten Sessels herab, unter dem ein Smyrnateppich liegt. Von dieser roten Masse, die zu gesteigerter Lebhaftigkeit der Wirkung gebracht wird dadurch, dass man über dem schräg fallenden Vorhang in die dunkelblaue Luft und auf die grünen Blätter eines Feigenbaumes sieht, heben sich die hellen Töne des Kopfes, den ergrauendes blondes Haar, in Löckchen gekräuselt, umgibt, der Hand, welche die Handschuhe lose haltend auf der Stuhllehne liegt, und des mit reichen Spitzen besetzten durchsichtigen Weißzeuges von Kragen und Manschette, sowie das tiefe Schwarz des Atlaskleides klar und prächtig ab. An der anderen Seite der Figur, der Schattenseite, kommt das Rot nicht wieder zum Vorschein, und die Töne verlieren sich weich in einem dunklen graubraunen Hintergrund.

Einen Schatz von vorzüglichen Werken van Dycks besitzt die fürstlich Liechtensteinsche Gemäldesammlung zu Wien. Unter den Künstlerbildnissen ragte hier dasjenige des Malers Kaspar de Crayer hervor, ein Meisterstück von zu voller Körperhaftigkeit durchgebildeter Ausführung, mit einer wundervollen Hand.

*Der Maler Kaspar de Crayer.*

*Bildnis eines älteren Herrn.*

Das vorzüglichste aber ist das Bildnis einer jungen Dame aus Antwerpen, Maria Luisa de Tassis, welche nach der bei den höheren Ständen beliebten französischen Mode gekleidet ist. Wenn wir zum Vergleich das ebenda befindliche Bildnis einer anderen hübschen jungen Dame betrachten, welche uns die einheimische niederländische Tracht in reichster Ausstattung zeigt, so begreifen wir, dass es dem Maler ein Hochgenuss gewesen sein muss, eine so anmutige Erscheinung wie Maria Luisa de Tassis in einer Kleidung abbilden zu können, welche freiere, lebendiger bewegte Linien und lichtere Farben zeigte und die Körperformen weniger erdrückte. Die Kleidung von Maria Luisa de Tassis – schwarzer Atlas und weiße Seide, Schleifen und feinste Spitzen, Schmuck von Perlen, Gold und Edelsteinen – ist sehr reich. Aber all dieser Reichtum ist, stofflich und malerisch, nur der wertvolle Rahmen für den köstlichen Inhalt, das junge, schöne, liebenswürdige Weib.

Es gibt wenige Damenporträts, die man diesem zur Seite stellen dürfte.

*Bildnis einer jungen Dame.*

*Maria Luisa de Tassis.*

Neben solchen malerischen Prachtstücken seien als Beispiele allerschlichtester Auffassung, die sich mit dem wirkungsvollen Herausheben der Köpfe im Rahmen des feinen Weißzeuges aus dem von der schwarzen Kleidung im Verein mit einem tiefen Schattenton des Hintergrundes gebildeten Dunkel begnügt, die Brustbilder eines ältlichen Ehepaares in der Dresdener Gemäldegalerie erwähnt.

Die wachsende Anzahl von Bildnissen von Fürstlichkeiten und von Berühmtheiten auf den Gebieten des Staatswesens, der Wissenschaft und der Künste brachte den Meister auf den Gedanken, diese Bildnisse in einem großen Sammelwerk zu veröffentlichen. Er fertigte nach den Bildern oder nach Skizzen derselben, welche er für sich zurückbehielt, kleine Wiederholungen braun in braun oder auch bloße Zeichnungen an, als Vorlagen für Kupferstiche, welche von den besten Antwerpener Stechern, von Schelte a Bolswert, Pontius, Vorstermann und anderen, ausgeführt wurden. Die Herausgabe dieser „Ikonographie", an deren Vervollständigung van Dyck unausgesetzt arbeitete, übernahm der Kupferdrucker Martin van den Enden. Die Sammlung wuchs bei Lebzeiten des Meisters zu der Zahl von achtzig Blättern an und wurde später durch Hinzufügung von einigen nachträglich ausgeführten Stichen und von fünfzehn eigenhändigen Radierungen van Dycks zu einem Werk von hundert Bildern und einem Titelblatt erweitert. In dieser Gestalt wurde das Werk, da auch van den Enden inzwischen gestorben war, durch Gilles Hendrickx in Antwerpen herausgegeben. Das von Jakob Neefs gestochene Titelblatt zeigt auf einem Sockel, welchen die Köpfe der Minerva und des Merkur schmücken, die Büste van Dycks, nach einem seiner Selbstbildnisse. Auf dem Sockel steht in lateinischer Sprache der Titel: „Bildnisse von Fürsten, gelehrten Männern, Malern, Kupferstechern, Bildhauern und von Liebhabern der Malerkunst, hundert an der Zahl, von Anton van Dyck, Maler, nach dem Leben angefertigt und auf seine Kosten in Kupfer gestochen." Das Werk wurde mehrmals neu aufgelegt. Dabei wurden wiederholt einzelne Bildnisse durch andere ersetzt, so dass im Ganzen 190 Porträtstiche als zur „Ikonographie" van Dycks gehörig gezählt werden.

Der Zahl nach am stärksten vertreten und für die Nachwelt am anziehendsten sind die Künstlerbildnisse. Die zahlreichen bedeutenden Meister, welche als Zeitgenossen van Dycks in den spanischen Niederlanden wirkten, und viele holländische werden uns hier in lebensvol-

Bildnis eines älteren Herrn.

Bildnis einer älteren Dame.

ler Erscheinung vorgeführt. Mancher freilich, der damals für würdig befunden wurde, einen Platz in der Sammlung von Berühmtheiten zu finden, zählt heute zu den halb oder ganz Vergessenen. Die Angabe des Titels, dass die Bildnisse nach dem Leben aufgenommen seien, erleidet übrigens eine kleine Einschränkung. Die Reihe von Bildnissen berühmter Zeitgenossen würde das Publikum nicht völlig zufrieden gestellt haben, wenn diejenigen Persönlichkeiten darin vermisst wurden, die in den Jahren, wo der dreißigjährige Krieg am heftigsten tobte und durch seine Wechselfälle die Gemüter auch der entfernter Stehenden in aufregender Spannung hielt, wohl am öftesten von aller Welt genannt wurden. Darum nahm van Dyck auch die Bildnisse von Wallenstein und Gustav Adolf, Tilly und Pappenheim in die Sammlung auf, obgleich er schwerlich jemals Gelegenheit gehabt hat, einen dieser Kriegshelden persönlich zu sehen. Er musste sich, um diese zu malen, der Abbildungen bedienen, welche von Deutschland aus in großer Zahl, wenn auch größtenteils als recht unkünstlerische fliegende Blätter, auf den Markt gebracht wurden. Es ist daher nicht zu verwundern, wenn diese Porträts nicht jenes Maß von überzeugender Ähnlichkeit besitzen, das sonst den Bildnissen des Meisters innewohnt; es bleibt bewunderungswürdig wieviel glaubhafte Lebensfülle er, trotz der ungenügenden Vorbilder, auch diesen Gestalten zu geben vermocht hat.

Von den braun in braun gemalten Vorlagen van Dycks für die Ikonographie sind etwa fünfzig erhalten; ein großer Teil derselben befindet sich in der Münchener Pinakothek. Es braucht nicht gesagt zu werden, dass eine Sammlung von Bildnissen, die ihre Entstehung einem Maler wie van Dyck und so ausgezeichneten Kupferstechern, wie diejenigen waren, die sich ihm zur Verfügung stellten, verdankt, ein Werk von unschätzbarem künstlerischen Wert ist. Es ist eine Folge von Meisterwerken. Das kostbarste aber in der Ikonographie sind die von van Dyck selbst geätzten Blätter. Es ist erstaunlich, mit welcher Gewandtheit van Dyck die von ihm nur selten benutzte Radiernadel gehandhabt hat. Seine beherrschende Kenntnis vom Bau des menschlichen Kopfes ließ ihn auch mit dem ungewohnten Werkzeug mit einer solchen Sicherheit zeichnen, dass er auch hier das höchste Maß von Lebendigkeit erreichte. Die künstlerische Unmittelbarkeit verleiht den Blättern einen Reiz, durch den sie die an sich meisterhaften Arbeiten der berufsmäßigen Kupferstecher in den Schatten stellen.

*Wallenstein. Braun in braun gemalte Vorlage für den von Peter de Jode ausgeführten Kupferstich der Ikonographie.*

*Gustav Adolf von Schweden. Braun in braun gemalte Vorlage für den von Paul Pontius ausgeführten Kupferstich der Ikonographie.*

Man zählt im Ganzen, mit Hinzurechnung von dreien, welche von anderer Hand fertig gemacht wurden, achtzehn von van Dyck radierte Bildnisse in der Ikonographie. Darunter befinden sich sein Selbstporträt, Johann Breughel, Peter Breughel, Franz Snyders. Auch seine Kupferstecher Paul Pontius und Lukas Vorstermann radierte er selbst. Bei mehreren dieser Blätter hat ihn wohl die persönliche Freundschaft zur eigenhändigen Ausführung bewogen. Von seinen freundschaftlichen Beziehungen zu Vorstermann gibt die Nachricht Kunde, dass er am 10. Mai 1631 dessen Töchterchen aus der Taufe hob, welches nach ihm den Namen Antoinette erhielt.

Außer den Bildnissen von Zeitgenossen hat van Dyck noch zwei andere Blätter radiert. Das eine ist eine komponierte Porträtgruppe: Tizian und seine Geliebte, das andere eine religiöse Darstellung: Ecce homo! Dieses letztere ist ein herrliches Blatt. Ohne starke Wirkung von Hell und Dunkel, aber im feinsten Reiz der Zeichnung ausgeführt, stehen drei Halbfiguren da: Christus, mit Duldermiene die ihm angetane Schmach entgegennehmend, ein Scherge, der ihm den Rohrstab überreicht, und ein behelmter Soldat, der ihm den Purpurmantel umhängt. Nach dem Vorbilde Dürers hat van Dyck hier den ganzen Hintergrund mit den Lichtstrahlen ausgefüllt, die von dem dornengekrönten Haupt des Erlösers ausgehen. Die sämtlichen geätzten Blätter van Dycks werden mit Recht sehr hoch geschätzt, namentlich in ihren ersten Plattenzuständen, vor jeder nachträglichen Bearbeitung.

Im Laufe des Jahres 1631 wurden von England aus Verhandlungen mit van Dyck geführt, um ihn zur Übersiedelung nach London zu bewegen. König Karl I hatte im Frühjahr des vorhergehenden Jahres durch seinen Kammerherrn Endymion Porter das Gemälde „Rinaldo und Armida" erhalten. Was ihn aber bewogen haben soll, den flämischen Maler an seinen Hof zu ziehen, war, nach dem Bericht eines englischen Geschichtsschreibers, nicht diese anmutige Komposition, sondern ein Bildnis. Ein Herr aus dem Hofstaat des Königs, der Maler und Musiker Nikolaus Lanière, hatte sich von van Dyck malen lassen. Er hatte zu dem Bilde, wie besonders erwähnt wird, sieben Tage hintereinander, vormittags und nachmittags gesessen, ohne dass der Maler ihm gestattet hätte, dasselbe zu sehen. Um so größer war seine Freude und Befriedigung beim Anblick des fertigen Werkes. Dieses war das Bild, welches Karl I gezeigt wurde und Veranlassung gab zu der Reise van Dycks nach England. Den Auftrag, van Dyck den Wunsch des Königs von England mitzuteilen, erhielt der aus der Geschichte des Rubens bekannte Maler-Diplomat Gerbier. Es scheint, dass derselbe in der französischen Königin-Witwe Maria de Medici eine Bundesgenossin fand. Anfangs machte van Dyck Schwierigkeiten. Die Beziehungen zwischen ihm und Gerbier gestalteten sich unfreundlich in Folge eines seltsamen Vorkommnisses. Gerbier schickte als Neujahrsgeschenk für den König ein Bild, welches die geistliche Verlobung der heiligen Katharina von Alexandrien vorstellte, als ein Werk von van Dyck nach England. Aber er war das Opfer einer Täuschung; van Dyck erklärte, dass das Bild nicht von ihm herrühre. Gerbier scheint zeitweilig die Hoffnung ganz aufgegeben zu haben, seinen Auftrag erfüllen zu können. Aber schließlich ließ sich van Dyck doch gewinnen. Am 13. März 1632 schrieb Gerbier von Brüssel aus an den König: „Van Dyck ist hier und lässt sagen, dass er entschlossen ist, nach England zu gehen."

Was van Dyck damals nach Brüssel geführt hatte, war vielleicht die Anfertigung eines Bildnisses des Höchstkommandierenden der spanischen Truppen in den Niederlanden, Franz von Mancada, Marquis von Aylona. Van Dyck hat diesen hohen Herrn, der während seines Aufenthaltes in Flandern nach und nach vom Gesandten bis zum Stellvertreter des Statthalters aufrückte, wiederholt gemalt. In jener Zeit gerade, oder kurz vorher, mag das stolze Reiterbildnis fertig geworden sein, welches sich jetzt im Louvre befindet und als das schönste von des Meisters Reiterbildern gepriesen zu werden pflegt. Auf diesem Bilde sehen wir Mancada in Kriegsrüstung, aber ohne Helm, mit der roten spanischen Schärpe und einem großen weißen Kragen über dem Harnisch, mit dem Feldherrnstab in der Hand; er biegt auf einem mächtigen Schimmel in scharfer Gangart um eine Ecke des Weges, so dass er sich gerade dem Beschauer zuwendet. Ross und Reiter heben sich kräftig und farbig ab von einem zum Teil aus bräunlichem, bewachsenem Gelände, zum Teil aus blau und gelb bewölkter Luft bestehenden Hintergrund. Die landschaftliche Ferne ist hier, wie immer bei van Dyck, nur Hintergrund; aufs Feinste abgestimmt zu der Figur, aber ohne die leiseste Absicht, irgendwie dem natürlichen Tonverhältnis zwischen Figur und Landschaft, wie es sich in der Wirklichkeit zeigt, Rechnung tragen zu wollen. Dies ist ein Punkt, durch den sich van Dycks Reiterbilder in scharf sprechender Weise von denjenigen seines spanischen Zeitgenossen Velazquez unterscheiden, der gerade durch die naturalistische Stimmung von Landschaft und Figuren seinen Bildnissen im Freien eine so großartige und den heutigen Beschauer so besonders wohltuend berührende Wirkung zu geben gewusst hat.

Anfang April 1632 befand sich van Dyck in London, und sofort wurde er von Karl I in Dienste genommen. Der König gewährte dem Maler die Mittel zu einer wahrhaft glänzenden Lebensweise. Er wies ihm eine Stadtwohnung in Blackfriars und einen Landsitz zu Eltham in der Grafschaft Kent an und gab ihm ein sehr ansehnliches Einkommen, das, ganz unabhängig von den Bezahlungen für jedes einzelne Gemälde, zuerst tageweise, dann als Jahresgehalt bemessen wurde. Nach wenigen Monaten, am 5. Juli 1632, gab er ihm die höchste Anerkennung dadurch, dass er ihn zum Ritter schlug, wobei er ihm als besondere Auszeichnung eine goldene Kette mit seinem in Diamanten gefassten Porträt gab. Van Dycks vornehmste Aufgabe am englischen Hofe war es, den König selbst und die Königin, die französische Prinzessin Henriette Marie, zu malen. Die Zahl seiner Bildnisse des englischen Königspaares ist groß; außer in England befinden sich auch in den festländischen Sammlungen mehrere Exemplare (siehe Seite 71 und 72). Van Dyck, der bewunderungswürdige Maler und liebenswürdige Mensch, erfreute sich vom Anbeginne seines Aufenthalts in England an der höchsten persönlichen Gunst des Königs. Häufig fuhr Karl I, wenn er der Last der Staatsgeschäfte entfliehen wollte, von seiner Residenz Whitehall über die Themse nach Blackfriars, um in zwangloser und anregender Unterhaltung mit seinem Maler Erholung zu suchen. Es konnte nicht fehlen, dass die am Hofe verkehrenden Großen des Reiches miteinander wetteiferten, dem vom Herrscher so hochgeschätzten Künstler ihre Gunst zu bezeugen.

Es hat wohl niemals und nirgendwo ein Bildnismaler so zahlreiche Aufträge gehabt, wie van Dyck in England. Von vielen Personen musste er eine ganze Anzahl von Bildnissen malen. So werden neun von ihm ausgeführte Porträts des Grafen Strafford, des damals mächtigsten Ratgebers des Königs, der in jenem Jahre 1632 als Statthalter nach Irland ging und der neun Jahre später als erstes Opfer der beginnenden Revolution sein Haupt auf das Blutgerüst legte, aufgezählt. Zu den ersten Bildnissen, welche van Dyck neben denjenigen des Königspaares mal-

König Karl I von England.

*Henriette Marie, Königin von England.*

te, werden wohl diejenigen seiner besonderen Gönner, der begeisterten Kunstfreunde, die für seine Berufung nach England gewirkt hatten, gehören. Den vornehmsten Platz unter diesen nimmt der Graf Arundel ein, den er siebenmal porträtierte. Mit Endymion Porter, dem er die ersten Beziehungen zu Karl I verdankte, hat van Dyck sich selbst in einem Bilde vereinigt gemalt. Dieses Doppelbildnis befindet sich jetzt im Pradomuseum zu Madrid im Verein mit einer Reihe van Dyckscher Bildnisse, unter denen diejenigen des Malers David Rykaert und eines unbekannten Musikers als vorzüglich schöne Werke aus seiner Antwerpener Zeit noch hervorgehoben seien. Es ist ein Gemälde von sehr vornehmer Wirkung. Van Dyck ist schwarz gekleidet, Porter weiß; lebhafte, aber immer noch durch den weichen allgemeinen Ton gedämpfte Farben, blau und gelb, schimmern in der Luft, die neben einem dunklen Vorhang den Hintergrund bildet. Ein wirksamer Gegensatz liegt auch in den Charakteren der beiden Persönlichkeiten: van Dyck schlank, zierlich und lebhaft, der Engländer fleischig und unbeweglich.

*Anton van Dyck und Sir Endymion Porter.*

Van Dyck hat sich hier eine Stellung gegeben, die er bei seinen Selbstbildnissen liebte, über die Schulter blickend; die nämliche Ansicht zeigt auch sein bekanntestes in der Uffiziengalerie zu Florenz befindliches Selbstporträt, dessen ursprünglicher Reiz übrigens allem Anschein nach durch unberufene Überarbeitungen beeinträchtigt worden ist. Das Madrider Doppelbildnis führt im dortigen Katalog die Bezeichnung: „Van Dyck und der Graf von Bristol". Es wird daher meistens so genannt, obgleich die Irrigkeit der Bezeichnung durch den Vergleich mit anderen Bildnissen von Bristol und Porter erwiesen ist. Aber der Graf von Bristol, Sir Kenelm Digby, zählte ebenfalls zu den engeren Freunden des Malers. Van Dyck nahm dessen Bildnis als das eines Kunstliebhabers in die Ikonographie auf. Das gemalte Porträt desselben, in welchem er in reicher Kleidung an einem Tische, auf dem ein Himmelsglobus steht, sitzend dargestellt ist, befindet sich in der Sammlung der Königin von England im Schloss Windsor. Die Gattin des Grafen, Lady Venetia Digby, malte van Dyck nicht weniger als viermal binnen Jahresfrist. In einem dieser Bilder, das sich ebenfalls im Schloss Windsor befindet, hat er dem Porträt eine allegorische Einkleidung gegeben. Da sitzt die Dame, in die Falten idealer Gewänder gehüllt, zwischen einer Menge von Sinnbildern. Hinter ihr liegt ein gefesselter Unhold mit zwei Gesichtern, der die Verleumdung bedeuten soll; sie streichelt eine Taube, das Sinnbild der Unschuld; ein Amorettenpaar liegt unter ihren Füßen, und Englein halten über ihrem Kopfe einen Kranz. Van Dyck malte dieses Bild, so erzählte man, um dadurch Verwahrung einzulegen gegen das Gerücht, dass er in seiner Zuneigung für die schöne Frau die Grenze des Erlaubten überschritten habe. Es scheint, dass die englischen Damen an solchen allegorischen Bildnissen Gefallen fanden. Van Dyck hat später noch mehrere derartige gemalt. Lady Venetia Digby malte er zum letzten Mal nach ihrem am 1. Mai 1633 erfolgten frühen Tode, als Leiche mit dem Ausdruck einer Schlummernden, mit einer entblätterten Rose zur Seite.

Im Frühjahr 1634 ließ sich van Dyck für einige Zeit nach den Niederlanden beurlauben, wo er bis in das folgende Jahr hinein blieb. Den größten Teil dieser Zeit muss er in Brüssel verbracht haben. In seiner Heimatstadt Antwerpen finden wir ihn im Herbst 1634. Was er dort an Besitz zurückgelassen hatte, verwaltete seine Schwester Susanna; deren Pflege und Erziehung war auch eine Tochter, die er hatte, na-

*Allegorisches Bildnis der Lady Venetia Digby.*

mens Maria Theresia, anvertraut. Am 18. Oktober ernannte ihn die Antwerpener St.Lukas-Gilde zu ihrem Dekan. – In Brüssel finden wir van Dyck so emsig bei der Arbeit, wie er es immer war. Von hohen Personen malte er den Herzog Gaston von Orleans, Bruder des Königs Ludwig XIII, dessen Gemahlin Margarete und deren Schwester Henriette von Lothringen, verwitwete Prinzessin von Pfalzburg; ferner den Prinzen Thomas Franz von Savoyen-Carignan, der nach dem Tode des Marquis von Aylona die Regierung der spanischen Niederlande bis zur Ankunft des Bruders Philipps IV, des „Kardinal-Infanten" Don Ferdinand, leitete. Den Prinzen Carignan malte er gleich mehrere Mal; eines dieser Bilder besitzt das Berliner Museum. Kaum war der Kardinal-Infant in Brüssel eingetroffen, so wurde van Dyck auch mit der Anfertigung von dessen Bildnis beauftragt. Dieses Porträt befindet sich jetzt im Pradomuseum zu Madrid; es zeigt den Infanten in halber Figur, in der Prunkkleidung, welche er bei dem feierlichen Einzug in Brüssel am 4. November 1634 trug.

*Der Kardinal-Infant Don Ferdinand von Österreich.*

Als die Stadt Antwerpen sich rüstete, diesem von Belgien mit so vielen freudigen Hoffnungen erwarteten Fürsten einen Empfang von unerhörter Pracht zu bereiten, schickte van Dyck auf Wunsch der Stadt eine Kopie seines Bildnisses des Kardinal-Infanten dorthin, „zur Verwendung bei den Triumphbögen und Schaustellungen." Als dann aber auch ein Porträt der Infantin Isabella zu dem gleichen Zweck von ihm verlangt wurde, stellte der durch die englischen Preise verwöhnte Künstler derartig hohe Forderungen an seine Vaterstadt, dass dieselbe sich genötigt sah, die Verhandlungen abzubrechen.

Nach der Angabe eines niederländischen Geschichtsschreibers soll jenes früher erwähnte Gruppenbild, in welchem van Dyck die Stadtobrigkeit von Brüssel in dreiundzwanzig Figuren abmalte, auch in diesem Jahre 1634 entstanden sein.

Ein Meisterwerk seiner Bildniskunst schuf van Dyck damals in dem Bilde des Rechtsanwaltes des Rates und Pensionärs der Stadt Brüssel, Justus van Meerstraeten. Die Gemäldegalerie zu Kassel besitzt dieses in halber Figur ausgeführte Porträt. Der ältliche, aber sehr rüstig und entschieden aussehende Herr steht in schwarzseidener Staatskleidung neben einem Tisch, auf dem sich mehrere große Bücher und eine antike Büste befinden; seine Hand greift in einen Band des Corpus juris. Dieses Bild ist in einem wunderbar klaren Lichtton gehalten; das schwarze Gewand hebt sich hell ab von dem braunen Schattenton der Wand des Hintergrundes; die bräunlich-weißen Töne der Lederbände und der Büste auf der grünen Decke des Tisches und in der entgegengesetzten Ecke des Bildes ein kühlfarbiger Ausblick auf die bewölkte Luft ergänzenden fein gestimmten Zusammenklang der Farben. Auch das Bildnis der Gattin des Justus van Meerstraeten, Isabella van Aßche, einer freundlich aufgefassten hübschen Brünette, das ebenfalls damals in Brüssel entstanden sein wird, befindet sich in der Kasseler Galerie.

Eine Vorliebe für einen kühlen Ton, für den die schwarze Farbe die Grundstimmung angibt, gilt im Gegensatz zu der aus einem warmen Dunkelbraun heraus entwickelten Stimmung seiner früheren Werke als bezeichnend für van Dycks spätere Zeit. Hiernach gelten auch noch einige religiöse Bilder als Arbeiten, deren Entstehung in die Zeit dieses vorübergehenden Aufenthaltes in den Niederlanden fallen könnte. Zwei Gemälde der Münchener Pinakothek gehören in diese Zahl: ein Christus am Kreuz und eine Beweinung des heiligen Leichnams, also Behandlungen jener beiden Darstellungsstoffe, die ihm auch in früherer Zeit so häufig als Gegenstand gedient hatten. Das Kreuzigungsbild, in nur ein Drittel Lebensgröße ausgeführt, zeigt den Heiland nach seinem Verscheiden. Vor einem düster schwarzgrauen Himmel ragt das Kreuz empor. Undeutlich sieht man in der Finsternis die Masse des abziehenden Volkes. Der Tote am Kreuze, dessen Haupt vornüber gesunken ist und den ein helles, auf dem Oberkörper am stärksten gesammeltes Licht hervorhebt, bleibt einsam zurück. Der Wind spielt mit dem Aufschriftzettel am Kreuz und mit dem Zipfel des Lendentuches (siehe Seite 33).

Bei der Klage um den Leichnam Christi ist die Farbe vielleicht noch mehr auf den Ausdruck von Schmerz und Trauer gestimmt, als bei irgend einer der früheren Darstellungen dieses Gegenstandes. Die dunkle Felsenwand bildet den alleinigen Hintergrund für die drei Gestalten, die sich mit dem Toten beschäftigen. Die Unbehilflichkeit der Last eines noch nicht erstarrten Toten ist stark betont. Das Haupt Christi ist in äußerster Biegung des Nackens mit dem Gesicht auf den Schoß der Mutter gesunken. Diese blickt mit einer Frage des Schmerzes zum Himmel empor; Magdalena ringt die Hände und blickt auf den Toten herab; Johannes bricht in lautes Weinen aus.

Mit ziemlicher Sicherheit kann man die Entstehung eines an dem ursprünglichen Platz seiner Bestimmung verbliebenen Altargemäldes in die Zeit von 1634 bis 1635 setzen. Es ist die Darstellung der Geburt Christi, welche van Dyck für die Liebfrauenkirche zu Dendermonde – die nämliche Kirche, in welcher jetzt auch das für die dortige Kapuzinerkirche gemalte Kreuzigungsbild aufgestellt ist – malte. Die Zeitbestimmung fußt darauf, dass in den erhaltenen alten Rechnungsbüchern der Kirche die Auszahlung von fünfhundert Gulden an Anton van Dyck für die Anfertigung des Altarbildes „die heilige Nacht" unter den Ausgaben von 1635 vermerkt ist.

Dieses Gemälde, in dem Maria dargestellt ist, wie sie unter dem Gemäuer des Stalles sitzend den herbeieilenden und niederknienden Hirten das Jesuskind zeigt, während in der Luft schwebende Engelkinder das Gloria in excelsis singen, verdankt seinen besonderen Ruhm der lichten, zarten Farbenstimmung und dem Reiz der Kinderfiguren. Zu den Vorarbeiten für dasselbe mag die hübsche Zeichnung in der

*Beweinung Christi.*

Albertina zu Wien zu zählen sein, welche den nämlichen Gegenstand
in ähnlicher Komposition zeigt.

*Die Anbetung der Hirten.*

In diesem Gemälde dürfen wir wohl das letzte namhafte Historienbild
van Dycks erblicken. Denn das wenige, was er später noch an Bildern
religiösen oder mythologischen Inhalts malte, war nur von unterge-
ordneter Bedeutung. Kenelm Digby wird als der Besteller einer Anzahl von Gemälden religiösen Inhalts genannt, während König Karl I
den Meister mit der Anfertigung mehrerer mythologischer Kompositionen beauftragte.

Wahrscheinlich ziemlich früh im Jahre 1635 kehrte van Dyck nach
England zurück. Karl I ließ sich und seine Familie immer neu von van
Dyck malen. Das berühmteste unter den Bildnissen des Königs ist dasjenige im Louvre, das ihn im Reitanzug am Rand eines Waldes stehend
zeigt, als ob er eben abgestiegen wäre von dem ungeduldig scharren-

den Jagdross, das hinter ihm von einem Diener gehalten wird. Es ist ein prächtiges Farbenstück. Der König, in weißer Atlasjacke, roten Beinkleidern und hellgelben Lederstiefeln, mit dem breitkrempigen schwarzen Hut auf den langen braunen Locken, hebt sich ab von einem zur Küste abfallenden, buschig bewachsenen Gelände, einem weiten Blick auf das Meer und einer sonnigen, weißwolkigen Luft. Das Pferd, ein dunkler Schimmel, setzt sich von dem tiefen Braungrün der Waldbäume und dem stumpfen Rot der Kleidung des Reitknechtes wirkungsvoll ab. Neben dem Reitknecht wird, von diesem teilweise verdeckt, ein Page sichtbar, der das hellseidene Mäntelchen des Königs trägt.

*König Karl I von England.*

Eine Anzahl stolzer Reiterbildnisse zeigt den König in Rüstung, aber barhäuptig, mit einem Stallmeister, der ihm den vergoldeten Helm nachträgt, zur Seite. So erscheint er in der Vorderansicht, ein Tor, das wie ein Triumphbogen wirkt, durchreitend, in einem majestätischen Bilde zu Windsor. In der Seitenansicht erblicken wir ihn in einem kleinen Gemälde in der Sammlung des Buckinghampalastes, das der Entwurf zu sein scheint zu einem großen Bilde, das sich im Schlosse des Herzogs von Malborough befindet. Hier reitet der König ein Pferd von heller Isabellenfarbe, in dem Bilde zu Windsor einen Grauschimmel. – In königlicher Zeremonienkleidung ist Karl I abgebildet in einem ebenfalls im Schloss Windsor befindlichen Gemälde. Ein anderes Bild ebendort zeigt ihn als Familienvater mit der Königin und seinen beiden Söhnen zusammensitzend.

Die verschiedenen Gruppenbilder, in denen van Dyck die Kinder des Königs malte, gehören zu dem Anziehendsten, was der Meister während seines Aufenthaltes in England schuf. Während man manchen anderen Gemälden seiner letzten Zeit die Eilfertigkeit der Entstehung ansieht, sind die Kinder immer mit voller künstlerischer Liebe gemalt. Bei den Kinderbildnissen lässt sich auch die Entstehungszeit näher bestimmen, da das Alter der Dargestellten einen sicheren Anhalt gibt, während bei den Bildnissen des Königs und der Königin meistens die Anhaltspunkte zur Ermittelung des Jahres, in welchem sie gemalt wurden, fehlen. Auch von diesen Kindergruppen gibt es eine ganze Menge. Das entzückendste Juwel darunter befindet sich im Museum zu Turin. Es muss im Jahre 1635, bald nach der Rückkehr des Meisters nach England, entstanden sein. Es zeigt die drei ältesten Kinder des Königs, den Prinzen von Wales (geboren 1630, nachmals König Karl II), die Prinzessin Maria (geboren 1631, nachmals Prinzessin Wilhelm II von Oranien) und den Herzog von York (geboren 1633, nachmals König Jakob II). Der letztere kann eben allein stehen, und auch der Prinz von Wales trägt noch Röckchen und Häubchen. Die drei Kinder stehen ohne inneren Zusammenhang nebeneinander; der älteste, der schon eine gewisse gesetzte Miene zur Schau trägt, streichelt den Kopf eines langhaarigen Hundes. Der Reiz des Bildes liegt neben der liebenswürdigen Auffassung des Kindlichen hauptsächlich in seiner wunderbaren Farbe. Im Hintergrund sieht man auf blühende Rosen, und die hübschen Kinder in ihren hellfarbigen Seidenkleidern wirken

*König Karl I von England und sein Stallmeister
Sir Thomas Morton.*

selbst wie liebliche Blumen. Um ein Jahr älter sehen wir die nämlichen
drei Kinder in dem köstlichen Bilde der Dresdener Gemäldegalerie.

*Die Kinder Karls I von England: Prinzessin Maria, Prinz Jakob,
Prinz Karl, Prinzessin Elisabeth und Prinzessin Anna.*

Hier stehen die drei farbigen Lichtgestalten – der Prinz von Wales
schon in Knabenkleidung – vor einem ruhigeren dunklen Hintergrund. Zwei niedliche gefleckte Wachtelhündchen von jener Rasse,
die am Hofe Karls I so beliebt war, dass sie heute noch davon den Namen führt, sitzen neben den Kindern; wie die Tierchen angebracht
sind, sind sie sowohl für das Zusammenwirken der Farbe, wie für den
Linienaufbau der Komposition von Bedeutung. Eine dem Dresdener
Bilde ähnliche Gruppe, wiederum etwas später gemalt, befindet sich
im Schlosse Windsor. Größer ist die Gruppe und reicher die Komposition in dem im Schlosse Windsor befindlichen Gemälde von 1637,
wovon das Berliner Museum eine in dem nämlichen Jahr angefertigte

Die Kinder Karls I von England: Karl, Prinz von Wales; Jakob, Herzog von York; Prinzessin Maria.

Wiederholung besitzt. Zu den drei ältesten Kindern kommen hier die kleinen Prinzessinnen Elisabeth und Anna hinzu. Ein Ausblick in den Park und in die lichte Luft, den ein zur Seite gezogener dunkelgrüner Vorhang frei lässt, und ein mit mattroter Decke belegter Tisch, auf dem sich Früchte und glänzende Gefäße befinden, bringen ein lebhaftes Farbenspiel in den Hintergrund, das mit dem Reiz der hellen Kinderanzüge und den rosigen Gesichtchen entzückend zusammenklingt. Die Prinzessin Maria ist ganz in Weiß gekleidet; der Herzog von York, der noch Röckchen und Häubchen trägt, hat über dem weißen Kleid ein rotes, gelb schillerndes Jäckchen an; der Prinz von Wales, der als Hauptfigur in der Mitte des Bildes steht, trägt einen hellroten Anzug mit weißem Futter in den Ärmelschlitzen und weiße Schuhe mit roten Rosetten; seine linke Hand ruht auf dem Kopf einer mächtigen Dogge, deren gelbes Fell einen prächtigen Ergänzungston abgibt zu den stärksten Farben des Gemäldes: dem Rot des Prinzen von Wales und dem Hellblau, welches die Farbe des Kleidchens der Prinzessin Elisabeth ist. Die jüngste Prinzessin sitzt, von dem Schwesterchen gehalten, im Hemdchen auf einem Stuhl, auf dem über einem dunklen Samtkissen ein blassrotes Tuch liegt; vor den beiden Kleinen liegt ein winziges, weiß und braun geflecktes Wachtelhündchen.

Von dem Maße der Inanspruchnahme von van Dycks Tätigkeit durch den König kann man sich eine Vorstellung machen, wenn man erfährt, dass eine erhaltene Rechnung, welche Karl I im Jahre 1638 begleichen ließ, nachdem er die von dem Künstler angesetzten Preise zum Teil nicht unerheblich herabgemindert hatte, dreiundzwanzig bis dahin unbezahlte Gemälde aufführt, darunter allein zwölf Bildnisse der Königin und fünf des Königs. Daneben aber malte van Dyck eine unglaublich große Anzahl von Bildnissen anderer Personen. Von dem gesamten am englischen Hofe verkehrenden Adel wurde er mit Bestellungen überhäuft, und er wusste alle seine Auftraggeber durch Meisterwerke zu befriedigen. Ganz besonders bewunderungswürdige Porträts von Damen finden wir unter den Arbeiten dieser seiner letzten Zeit. Die Halbfigur der Gräfin von Oxford, einer munter blickenden Brünette, deren warmfarbige Haut durch das schwarze Seidenkleid und den aus einer graubraunen Felsenwand und einem Stück blauer, weißbewölkter Luft zusammengesetzten Hintergrund zu blendender Wirkung hervorgehoben wird, und das stattliche Bild in ganzer Figur

Lady Diana Cecil, Gräfin von Oxford.

der Prinzessin von Cantecroix, die in reicher Gesellschaftskleidung die Schwelle ihres Hauses beschreitet, auf der sie ein Hündchen begrüßt, mögen als bezeichnende Beispiele dienen.

Es sollen sich im Ganzen etwa dreihundert van Dyckscher Porträts in England befinden, der Mehrzahl nach in den Schlössern des Adels, noch im Besitze der Nachkommen der abgemalten Personen. Van Dyck würde unmöglich im Stande gewesen sein, die Fülle der an ihn herantretenden Aufgaben zu bewältigen, wenn er nicht mehrere begabte Schüler sich zu brauchbaren Gehilfen herangezogen hätte; Johann de Reyn aus Dünkirchen, den er aus Antwerpen mitgebracht hatte, der wegen seiner Schnelligkeit im Malen angestaunte David Beeck aus Arnheim und Jakob Gandy, der auch als selbständiger Bildnismaler hoch geschätzt wurde und später in Irland lebte, werden genannt. Namentlich wird der Meister die Hilfe der Schüler in den vielen Fällen in ausgiebiger Weise in Anspruch genommen haben, wo es sich um Wiederholungen handelte; solche wurden häufig verlangt, zum Zwecke der Verwendung als wertvolle Geschenke bei Hochzeiten oder sonstigen festlichen Veranlassungen innerhalb des Verwandten- und Bekanntenkreises der betreffenden Herrschaften.

Über die Art und Weise, wie van Dyck arbeitete, haben wir ausführliche Nachrichten, die durchaus glaubwürdig sind, da sie sich auf die Aussagen eines Mannes stützen, welcher dem Künstler persönlich nahe stand. Der Kunstschriftsteller de Piles erzählt in seinem 1708 zu Paris erschienenen Lehrbuch der Malerei: „Der berühmte, allen Freunden der schönen Künste wohlbekannte Jabach (aus Köln), der mit van Dyck befreundet war und sich dreimal von ihm hatte abmalen lassen, hat mir erzählt, dass er eines Tages zu jenem Maler von der Kürze der Zeit, die derselbe zu seinen Bildnissen brauchte, sprach, worauf jener erwiderte, er habe sich anfangs angestrengt und sich mit seinen Bildern sehr viel Mühe gegeben um seines Rufes willen und um zu lernen, dieselben schnell zu machen, in einer Zeit, wo er für das tägliche Brot arbeitete. Folgendes hat er mir dann über van Dycks gewöhnliches Verfahren mitgeteilt. Derselbe bestimmte den Personen, welche er malen sollte, Tag und Stunde und arbeitete nicht länger als eine Stunde auf einmal an jedem Porträt, sei es beim Anlegen, sei es beim Fertigmachen; sobald seine Uhr ihm die Stunde anzeigte, erhob er sich und machte der Person seine Verbeugung, um damit zu sagen, dass es für

*Beatrix von Cusance, Prinzessin von Cantecroix.*

diesen Tag genug sei, und verabredete mit ihr einen anderen Tag und eine andere Stunde; darauf kam sein Kammerdiener, um ihm die Pinsel zu reinigen und eine frische Palette zurecht zu machen, während er eine andere Person empfing, der er diese Stunde bestimmt hatte. Er arbeitete so an mehreren Bildnissen an dem nämlichen Tag, und zwar mit einer außerordentlichen Geschwindigkeit. Nachdem er ein Porträt leicht angelegt hatte, ließ er die Person die Stellung einnehmen, welche er sich vorher ausgedacht hatte, und zeichnete auf grauem Papier mit schwarzer und weißer Kreide die Gestalt und die Kleider auf, die er groß und mit auserlesenem Geschmack anordnete. Diese Zeichnung gab er danach geschickten Leuten, welche er bei sich hatte, um dieselbe nach den Kleidern selbst, welche auch van Dycks Bitten ihm zu diesem Zweck zugesandt wurden, auf das Bild zu übertragen. Wenn die Schüler die Gewandungen, soweit sie konnten, nach der Natur ausgeführt hatten, ging er leicht darüber und brachte in sehr kurzer Zeit durch seine Kenntnisse die Kunst und die Wahrheit hinein, die wir daran bewundern. Für die Hände hatte er gemietete Personen beiderlei Geschlechts, die ihm als Modelle dienten." – Es ist klar, dass dieser Bericht sich auf die späte Zeit des Bildnismalers bezieht. In seinen früheren Bildnissen hat van Dyck unverkennbar nicht allein das Nackte, sondern auch die Kleidung und alles Beiwerk eigenhändig ausgeführt. Was die Hände betrifft, so zeigen dieselben allerdings schon auf den Porträts in Genua durchgehends eine gleichmäßige Zierlichkeit, die mit der sprechenden individuellen Kennzeichnung der Gesichter nicht übereinstimmt. Doch gibt es auch manche Bildnisse von ihm, in denen der Charakter der Hände ebenso geistreich und treffend aufgefasst ist wie des Gesichts; besonders ist dies bei den Künstlerbildnissen immer der Fall.

Weiter wird berichtet, dass van Dyck es liebte, nach Schluss des Tagewerks die Personen, welche er malte, zu sich zu Tisch zu bitten, und dass bei diesen Mahlzeiten ein Aufwand entfaltet wurde, der demjenigen der höchsten englischen Aristokratie in nichts nachstand. Nach getaner Arbeit lebte van Dyck vollständig wie ein Fürst. Seine Einnahmen waren ungeheuer groß, und er gab mit vollen Händen aus. Es wird erzählt, dass einst Karl I während einer Porträtsitzung mit dem Grafen Arundel über den schlechten Stand seiner Finanzen gesprochen und dabei scherzweise die Frage an den Maler gerichtet habe, ob er auch wohl wisse, was eine Geldverlegenheit bedeute. „Ja, Sire", soll van Dyck dem

König geantwortet haben, „wenn man offenen Tisch für seine Freunde und offene Taschen für seine Freundinnen hält, findet man leicht den Grund seiner Kasse." Mit diesem Wort ist die größte Schwäche des großen Malers berührt. Weiblicher Liebenswürdigkeit und Schönheit brachte van Dyck allzu sehr ein empfängliches Herz und empfängliche Sinne entgegen. Es scheint, dass der König selbst darauf bedacht war, der schrankenlosen Leichtlebigkeit des Künstlers durch eine passende Verheiratung ein Ende zu machen. Damit bot sich zugleich eine Gelegenheit, einer zum Hofstaat der Königin gehörigen jungen Dame aus altangesehenem, aber mittellos gewordenem Geschlecht eine glänzende Versorgung zu verschaffen. Dieses Mädchen hieß Mary Ruthven. Ihr Vater war Patrick Ruthven, Graf von Gowrie, der unter der vorangegangenen Regierung in den Verdacht des Hochverrats gekommen war und lange Zeit im Tower gesessen hatte; darüber hatte er den Rest seines Familienbesitzes verloren, und seine Tochter war, ungeachtet ihrer nahen Verwandtschaft mit einigen der höchsten Familien des Landes, sogar mit den Stuarts selbst, zu standesgemäßem Lebensunterhalt auf die Hilfe angewiesen, welche das königliche Haus ihr zuwendete. – Möglich ist es immerhin, dass van Dyck mehr als durch äußere Vermittelung durch wirkliche Neigung zu der hübschen, noch sehr jugendlichen Dame hingezogen wurde. Er vermählte sich mit Mary Ruthven im Jahre 1639.

*Maria Ruthven, die Gattin des Meisters.*

Dass er seine Gattin wiederholt im Bilde verewigte, versteht sich von selbst. Ein Kniestück in der Münchener Pinakothek zeigt uns die anmutige Erscheinung der jungen Frau, deren feines und regelmäßiges Gesicht eine auffallend blasse Farbe hat.

Dieselbe ist auf diesem Gemälde mit einem Violoncell beschäftigt. In der Liebe zur Musik begegnete sie sich mit ihrem Gatten, der bei den glänzenden Gesellschaften, die er in seinem Hause um sich zu versammeln liebte, es an musikalischer Unterhaltung nicht fehlen ließ.

Man glaubt in den Bildnissen, welche van Dyck nach dem Jahr 1635 malte, eine Abnahme seines künstlerischen Vermögens wahrnehmen zu können. Es ist möglich, dass bei manchen derselben die große Schnelligkeit der Herstellung und die Mitwirkung der Gehilfen allzu sehr sichtbar werden. Jedenfalls aber hat der Meister bis an sein Ende in seinen Bildnissen eine Eigentümlichkeit bewahrt, die er schon bei den in seinen Jünglingsjahren gemalten genuesischen Porträts entfaltete: das ist der unvergleichliche Adel der Auffassung, der aus den Gesichtern und aus jeder Form, wie aus der ganzen Stimmung der Gemälde spricht. Ganz gewiss besaßen nicht all die hochstehenden Persönlichkeiten, welche van Dyck malte, jene innerliche Vornehmheit und jene vornehme Liebenswürdigkeit, durch die sie im Bild so anziehend erscheinen. Aber was van Dyck von den Seelen seiner Modelle in deren Zügen hervorschimmern sah, waren eben nur die gewinnenden Eigenschaften adeligen Wesens; nicht nur alles Gemeine, sondern jede Spur von Leidenschaft lag außerhalb seines künstlerischen Gesichtskreises. So erfüllte er seine Bildnisgestalten mit einer vornehmen harmonischen Ruhe der Seele, für welche die ruhige Schönheit der Farbenstimmung – an sich ein Wunderwerk der Kunst – nur als der naturgemäße malerische Ausdruck erscheint. Dass dabei diese Gestalten in so sprechend naturwahrer und glaubhafter Bildung, gleichsam lebendig vor uns stehen, dadurch kommen jene Eigenschaften mit um so größerer Wirksamkeit zur Geltung. Es liegt ein ganz eigener Reiz in einem van Dyckschen Bildnis. Man hat vor demselben stets das Gefühl, sich in sehr guter Gesellschaft zu befinden, und man bekommt die Vorstellung, dass es ein Genuss sein müsste, sich mit dieser Persönlichkeit zu unterhalten. Daher sieht man sich an einem solchen Bilde nie müde, mag auch die dargestellte Persönlichkeit einem gänzlich unbekannt sein.

Merkwürdig ist es – wenn auch nicht ohne mancherlei Ähnlichkeitsbeispiele – dass van Dyck sich von seiner Tätigkeit als Bildnismaler, durch die er so unvergänglichen Ruhm erworben hat, nicht dauernd befriedigt fühlte, sondern im Schaffen großartiger Historienbilder seinen eigentlichen, nur durch die Umstände verfehlten Beruf erblicken zu müssen glaubte. Je vollständiger die Menge der zu malenden Bildnisse seine Zeit in Anspruch nahm, um so heißer entflammte sich sein Verlangen nach solchen großen Taten. Er suchte Karl I zu einem Unternehmen zu gewinnen, welches ihm zur Stillung dieses Verlangens die ausgiebigste Gelegenheit geboten haben würde. Sein Vorschlag ging dahin, die Wände des großen Festsaals in Whitehall, dessen Decke im Jahre 1635 den Schmuck Rubensscher Gemälde empfangen hatte, mit Darstellungen aus der Geschichte des Hosenbandordens zu bekleiden. Van Dyck soll die Ansicht ausgesprochen haben, dass es am schönsten wäre, seine bezüglichen Kompositionen nicht in Malerei, sondern in Gestalt von Gobelins, die in der Teppichfabrik zu Mortlake gewirkt werden sollten, auf die Wand zu bringen. Der König war dem Plan nicht abgeneigt. Es entstanden auch einige daraus bezügliche Entwürfe und Studien – die kostbare Zeichnung zweier Wappenherolde des Königreichs Großbritannien in der Albertina gehört hierhin. Aber das Unternehmen scheiterte am Geldpunkt. Wenn man auch die Angabe eines Schriftstellers, dass van Dyck die Kosten dieser Wandausschmückung auf 80 000 Pfund Sterling – was nach den damaligen Wertverhältnissen des Geldes heute ei-

ner Summe von nahezu vier Millionen Mark gleichkommen würde – veranschlagt habe, für übertrieben halten mag: der König war jedenfalls nicht mehr in der Lage, hohe Summen für künstlerische Unternehmungen zu verausgaben. Im Jahre 1640 begannen ja für Karl I die Wirren und Bedrängnisse, die erst mit seinem Gang zum Blutgerüst ein Ende nehmen sollten.

Nachdem van Dyck die Hoffnung aufgegeben hatte, für den König von England ein großes Monumentalwerk der Malerei schaffen zu dürfen, wollte er sein Glück am französischen Hof versuchen. Er verließ mit seiner jungen Gattin London im September 1640 und begab sich zunächst nach Holland, dann nach Antwerpen und von dort nach Paris. Er hoffte, dass es ihm durch persönliche Vorstellung gelingen würde, den Auftrag zur Ausführung der von Ludwig XIII geplanten Ausschmückung der großen Galerie des Louvre mit geschichtlichen Gemälden zu erhalten. Aber auch hier wurden seine Erwartungen getäuscht. Ludwig XIII hatte jene Arbeit bereits dem Nicolas Poussin zuerteilt, der dieselbe dann später doch wieder einem anderen, dem Günstling der Königin, Simon Vouet, überlassen musste.

In Paris erkrankte van Dyck. Am 16. November 1641 bat er in einem Briefe, dessen Urschrift noch in einer englischen Autographensammlung vorhanden ist, um Ausstellung eines Passes für sich und fünf Diener, seinen Reisewagen und vier Mägde. Da es ihm von Tag zu Tag schlechter ginge, schrieb er, verlange es ihn mit aller Macht nach seinem Heim in England; wenn er, wie er hoffe, seine Gesundheit wiedererlange, so würde er nach Paris zurückkommen, um die Bestellungen, welche der Kardinal Richelieu ihm zugedacht, entgegenzunehmen. Seine Frau, die ihrer Entbindung entgegensah, muss bereits vorher nach England zurückgereist sein. Kurz nach der Heimkehr van Dycks in sein Haus zu Blackfriars, am 1. Dezember, gab sie einem Töchterchen das Leben.

Das Befinden van Dycks war inzwischen hoffnungslos geworden. Am 4. Dezember fühlte er das Nahen des Todes und machte sein Testament. Fünf Tage später, am 9. Dezember 1641, verschied er. Es wird erzählt, Karl I habe seinem Leibarzt eine Belohnung von 300 Pfund Sterling versprochen, wenn es ihm gelänge, van Dyck am Leben zu erhalten. Im Tode wurde der Maler durch die Bestattung seiner Hülle im Chor der St. Pauls-Kirche geehrt. Der Brand dieser Kirche im Jahre

1665 hat die Gruft vernichtet. Van Dyck hinterließ trotz des großen Aufwandes, mit dem er gelebt hatte, ein sehr ansehnliches Vermögen, das zwischen seiner Witwe und seinen in Antwerpen lebenden nächsten Verwandten verteilt wurde.

Die junge Witwe schloss später eine zweite Ehe mit dem Baronet Richard Pryse von Goggerdon.

Van Dycks Tochter Justiniana, das einzige Kind seiner Ehe, vermählte sich mit dem Baronet Johann Stepney von Pendegrast. König Karl II bewilligte ihr, um die Beträge auszugleichen, welche Karl I ihrem Vater schuldig geblieben war, eine Leibrente von 200 Pfund Sterling. In dieser Familie Stepney lebte die Nachkommenschaft van Dycks bis zum Jahre 1825 fort. – Der holländische Maler Philipp van Dyk, der in der ersten Hälfte des XVIII. Jahrhunderts eine umfangreiche, aber nicht sehr künstlerische Tätigkeit im Bildnisfach entfaltete, steht mit seinem großen Namensverwandten in keinem Familienzusammenhang.

www.ingramcontent.com/pod-product-compliance
Lightning Source LLC
Chambersburg PA
CBHW031835230426
43669CB00009B/1366